editionSastra
℅ Christian Urech
Michael-Maggi-Strasse 14
8046 Zürich
www.christianurech.com

Herstellung und Verlag: BoD – Books on Demand, Norderstedt
ISBN: 9783755738602

MEIN SENF ZU ALLEM

PHILOSOPHISCHE EINWÜRFE UND ANWÜRFE

Inhaltsverzeichnis

Oh Mensch! Gib acht!
Was spricht die tiefe Mitternacht?
Ich schlief, ich schlief.
Aus tiefem Traum bin ich erwacht.
Die Welt ist tief.
Und tiefer als der Tag gedacht.
Tief ist ihr Weh.
Lust – tiefer noch als Herzeleid.
Weh spricht: Vergeh!
Doch alle Lust will Ewigkeit.
Will tiefe, tiefe Ewigkeit!

Friedrich Nietzsche

GOTT

Viele Menschen denken an Gott als einen Vater, als eine Art Pater familias, als den Chef des Universums, der die Regeln vorgibt, deren Einhaltung er belohnt oder sanktioniert – die Guten kommen ins Töpfchen und die Schlechten ins Kröpfchen. Diese Gottesvorstellung ist zwar bequem – sie enthebt von eigenem Denken –, aber sie ist leider auch grauenhaft unplausibel, ja geradezu naiv. Trotzdem ist sie ein Longseller und gerade momentan wieder sehr im Trend. Gotteskriege werden deswegen geführt, Menschen enthauptet. Und es ist nicht anzunehmen, dass sie in Zukunft an Attraktivität verliert: je moderner die Zeiten, desto heiliger die Kriege, möchte man sagen. Je verwickelter die Zeiten, je komplexer die Welt, desto grösser die Sehnsucht nach einem einfachen Weltbild, nach Schwarz und Weiss, Freund und Feind.

Andere sehen Gott als eine Art Gebärerin, die die Schöpfung aus sich herausgestossen hat, als Schöpferin, die die Welt zwar verursacht hat, sich nun aber nicht mehr um ihre Geschöpfe kümmert – wie die Mutter, die aus welchen Gründen auch immer ihr Kind in die Babyklappe von Einsiedeln legt. Das Verursachende und das Verursachte sind absolut voneinander geschieden. Und die Schöpfung, unsere Welt, wuchert nun so vor sich hin, ohne Plan, ohne Ziel, nach dem Prinzip des Zufalls – woraus sich die chaotische Weltlage einigermassen erklären liesse. Die Menschheit, sich selbst überlassen, führungslos, wurstelt sich durch, unaufhaltsam dem Abgrund entgegen.

Diese Gottesvorstellung ist einigermassen deprimierend, weshalb ich mir erlaube, sie an dieser Stelle zu verwerfen. Einen ganz anderen Ansatz wählen die Pantheisten. Für sie sind Schöpfung und Schöpfer eins, Gebärende und Geborenes. Gott sucht sich in seiner Schöpfung selbst, Gott ringt in seiner Schöpfung um das Bewusstsein seiner selbst. Er mordet mit, er leidet mit, er fühlt und denkt mit uns. In dieser Vorstellung sind wir alle ein Teil von Gott oder vielmehr eine Spiegelung, eine Projektion von Gott, das Göttliche im Kleinen, noch Unfertigen. Die Schöpfung ist ein Hologramm, in dem jeder Splitter das Ganze enthält. Im Einzelnen ist wie ein Keim das Ganze enthalten, oder, noch eigenartiger, die Einzigartigkeit ist eine Illusion und wir alle sind das Ganze. So denken die Mystiker. Dieses Gottesbild ist doch wesentlich tröstlicher als die vorangehenden: Wir sind die Tropfen, die letztlich den Ozean bilden.

Die Vorstellung, dass das Einzelne und das Ganze im Grunde dasselbe sind, ist mir sympathisch, auch wenn sie selbstverständlich nicht alle Fragen beantwortet. Ethische Fragen bleiben offen, das mystische Weltbild erlaubt es uns, ja zwingt uns geradezu dazu, alles zu billigen, also auch heilige Kriege, Morde, Köpfe abschlagen, Ausbeutung, Vergiftung und Zerstörung des Planeten. Schliesslich ist auch das Teil des sich gebärenden Gottes – jede Abscheulichkeit, jede Perversion und Absurdität ist in ihm. So wird mancher Mystiker zum amoralischen Nihilisten und Anarchisten, der glaubt, er könne tun, was er will.

Manche stellen sich Gott als konkrete Person vor, andere als reine Idee. Gott als Person, als alter Mann mit wallendem Rauschebart – die Kindervorstellung. Gott als Idee, als reines Abstraktum – die idealistische Philosophenvariante. Dazwischen jene, die sagen, sie glaubten zwar nicht an Gott, aber schon irgendwie an eine höhere Macht. Jene, die von sich behaupten, sie seien zwar nicht religiös, aber sehr wohl spirituell. Doch was soll denn das heissen: spirituell im Sinn von geistlichen Gedanken oder im Sinn von geistigen Getränken? Da ist etwas, sagen sie – dahinter, darin, darüber oder was?

Hilft uns auch nicht weiter.

Dann jene, die glauben, Gott sei in einem Buch. Gott als Schriftsteller, als Märchen- und Geschichtenerzähler. Erst hat er die Bibel diktiert (mehreren Sekretären), dann den Koran (einem einzigen Sekretär), dann das kommunistische Manifest (zwei Sekretären), dann das Manifest der unsichtbaren Hand des freien Marktes.

Man kann sich natürlich auch damit behelfen, dass man nicht an einen Gott glaubt, sondern an mehrere, so, wie es die eher sinnenfreudigen Menschen tun. Das ist eine vor allem für die Göttlichen selbst tröstliche Variante: Mitglieder von Götterfamilien, von der altgriechischen über die hinduistische bis zur buddhistischen im Tibet, sind doch weit weniger einsam als allein herrschende Vätergötter und von daher vielleicht ein bisschen weniger grantig und absolut und bösartig als diese.

Grandios, wenn auch nicht unbedingt einleuchtend, ist die Vorstellung des Buddhismus von Gott als Nichts. Gott ist nicht tot, wie Nietzsche verkündigte, es hat ihn gar nie gegeben ausserhalb unseres illusionären Bewusstseins. Alles ist Schein, alles ist Trug, alles ist Illusion – wir müssen es nur erkennen und gehen ins Nirwana ein.

Gott ein Traum, den wir träumen – oder ist es umgekehrt und wir sind der Traum, den Gott träumt? Der womöglich wieder nur eine Figur im Traum eines anderen, noch mächtigeren Gottes ist – mächtig und auch wieder nicht, denn was spielt es für eine Rolle, wie mächtig wir sind – angesichts der hintergründigen Tatsache, dass alles im Innersten Nichts ist?

SEX

Viele heterosexuelle Männer sehnen sich nach einer Frau mit Schwanz. Sie sind es leid, immer die aktive Rolle spielen zu müssen. Dies betrifft insbesondere Männer, die sich in ihrem Selbstverständnis als besonders «männlich» empfinden, also die sogenannten Machos. Natürlich sind sie sich dessen kaum bewusst: Männer funktionieren ja selten über den Kopf. Sie würden Aussagen wie diesen wohl in der Mehrzahl vehement widersprechen. Trotzdem – man frage mal die Spezialisten auf diesem Gebiet. Prostituierte männlichen Geschlechts haben es heute schwer – kaum jemand interessiert sich noch für ihre Dienstleistungen. Die schwulen männlichen Kunden sind übersättigt. Das Angebot übersteigt die Nachfrage bei weitem. Jedoch können sich Transmenschen oder auch solche, die sich als Transmenschen nur verkleiden und eine entsprechende Rolle spielen, kaum über entsprechende Umsatzmöglichkeiten beklagen. Zu ihrer Klientel gehören vor allem sogenannte Heteros – also Männer, die sich in ihrem «Tagleben» vehement dagegen verwahren würden, homosexuell zu sein. Sie sind auch in keinster Weise homosexuell sozialisiert – nicht selten sind sie ausgesprochen homophob. Sie hassen Schwule.

Was ist Sex? Haben wir Männer, haben wir Frauen Sex mit unserem Schwanz, unserer Muschi? Nein. Natürlich nicht. Wir haben Sex mit unserem Hirn. Oder durch unser Hirn. Nicht der Schwanz ist horny, nicht die Muschi ist tickelig, sondern unser Zentralorgan im Kopf.

ANSTAND

Ich misstraue jenen, die sich ständig über den mangelnden Anstand der anderen beklagen. Wahrscheinlich haben sie selber keinen.

HASS

Hass ist wie die Liebe ein sozusagen menschliches Gefühl. Wir haben es in uns, und es nützt nichts, das zu leugnen. Es ist ganz offensichtlich ein Agens in der Geschichte der Menschheit. Hass zu überwinden bedeutet nicht, ihn zu leugnen. Man muss ihm in die Augen sehen. Und ihm dann eine deutliche Absage erteilen.

GUTBÖS

Nehmen wir einmal der Einfachheit halber an, das Gute und das Böse liessen sich nach dem Kantschen Imperativ definieren: Was du nicht willst, was man dir tu, das füg auch keinem andern zu. Na ja – ich weiss, dass es diese selbstdestruktiven Psychopathen gibt, die sehr wohl wollen, dass man ihnen das Böse zufüge, dass sie anderen zufügen. Aber wir wollen uns hier mal nicht in die Höllen der Psychopathologie begeben. Nach der unkomplizierten Definition könnte man also sagen: Das Gute und das Böse sind im Kind in einem ungefähren Gleichgewicht. Es sind zwei kleine Hunde oder andere Tierchen, die in uns schlummern. Nun, man füttert das eine oder das andere Tier. Das wird dann stärker. Das erste Verbrechen erzeugt vielleicht noch Gewissensbisse, der erste Tote tut vielleicht noch weh. Aber irgendwie gewöhnt sich der Mensch an alles. Schliesslich zückt er die Pistole, ohne einen Gedanken an die Folgen zu verschwenden. Is ein Job, nich? Das böse Tier wird fetter und fetter, bis es schliesslich platzt. Was nicht heisst, dass der Böse nicht auch seine weichen Seite hat. Das gute Tier ist schon noch da, wenn auch klein und verschüchtert. Vielleicht weint der Mafia-Pate im Kino, sehr wahrscheinlich liebt der Boss der Bosse seine Mutter, seine Frau und seine Kinder wirklich. Auch seinem Schäferhund ist der Despot in wahrer Liebe zugetan. Aber natürlich kann man auch sein gutes Tier füttern, die Empathie, das Mitleid und die Fürsorglichkeit. Doch selbst diese schönen Eigenschaften können leider zu einem Monster werden. Wie es schon im Faust steht: Derjenige, der stets das Gute will, schafft vielleicht das Böse, und derjenige, der das Böse will, bewirkt vielleicht manchmal auch was Gutes. Eine Gewissheit auf diesem schlüpferigen Boden der Moral gibt es leider nicht.

Es liegt also an jedem Einzelnen, ob er das gute oder das böse Tier füttern will. Aber aufgrund wessen entscheiden wir uns? Ist es reiner Zufall, der uns in die eine oder andere Richtung treibt? Oder war vielleicht das böse resp. das gute Tier von allem Anfang an ein kleines bisschen stärker in uns? Oder waren es die Umstände, die uns lenkten und bestimmten? Machte Gelegenheit den Dieb aus mir?

Um sich bewusst entscheiden zu können, braucht es jedenfalls Reflexionsfähigkeit und ein gewisses Bewusstsein von sich selbst, eine gewisse Distanz zu sich selbst, die man nicht bei jedem Menschen voraussetzen kann – was gewiss nicht nur eine Frage der so genannten Intelligenz ist.

ÜBERTREIBUNG

Übertreibung führt schliesslich in den Untergang. Nehmen wir den Fall von El Patron Pablo Escobar, dem Drogenhändler, der erst zu einem der reichsten Männer der Welt wurde, um anschliessend alles zu verlieren und mit 44 wie ein räudiger Hund erschossen zu werden. Er wurde immer gewalttätiger, skrupelloser und machtbesessener, bis er schliesslich seine eigentlich unentschlossenen bis unwilligen Gegner zum Handeln zwang. Er machte sich alle zu Feinden – die staatlichen Organe, die anderen Bosse des Medellin-Kartells, dem er angehörte, rivalisierende Kartelle und die rechtsradikale Bürgerwehr. Dadurch geriet er in einen Mehrfrontenkrieg, der schliesslich zu seinem Untergang führte.

RECHT UND GERECHTIGKEIT

W as Recht ist, lässt sich relativ leicht erklären: Es sind die Gesetze und ihre Anwendung, also ihre Auslegung, die, wie jeder Jurist bestätigen kann, keineswegs eindeutig ist, zumal sie den beteiligten Instanzen einen relativ grossen Ermessenspielraum zugesteht. Es spielt also eine Rolle, unter welchen Umständen eine kriminelle Tat verübt wurde. Die Verfassung der Täterschaft spielt eine Rolle, ihre Motive und die Folgen des Vergehens oder Verbrechens. Die Juristerei ist ja keine exakte Wissenschaft, es ist überhaupt keine Wissenschaft, sondern eine pragmatische Normsetzung und -durchsetzung für unser Zusammenleben im Alltag. Auch ist das Recht nicht statisch, sondern verändert sich ständig; alte Gesetze werden abgeschafft und neue eingeführt. Keinesfalls kann Recht mit Gerechtigkeit gleichgesetzt werden; alles Mögliche kann zum Gesetz werden, auch das Ungerechte. Natürlich sollte sich das Recht am Gerechtigkeitsgedanken orientieren; ein Staat, in dem das nicht der Fall ist, bezeichnen wir als Unrechtsstaat. Wenn das Recht eines Staates die Todesstrafe kennt, ist sie rechtens, was aber nicht heisst, dass sie dann automatisch auch gerecht ist. Die einen denken ja, die anderen nein.

Was aber ist Gerechtigkeit? Das ist schon schwieriger zu definieren, weil das, was sie ausmacht, ein subjektives Element enthält, will heissen, dass nicht jeder und jede das Gleiche als gerecht oder ungerecht empfindet. Empfindet – Gerechtigkeit hat also mit Empfindungen zu tun, mit Gefühlen, ist also nicht rein rational zu erklären. Auch ändert sich das Gerechtigkeitsempfinden von Generation zu Generation, von Kultur zu Kultur. Sogar unser Gerechtigkeitsempfinden als Individuen verändert sich manchmal im Lauf des Lebens.

Aber gibt es nicht so etwas wie einen «harten Kern» von Gerechtigkeitswerten, die von den meisten Individuen in den meisten Kulturen durch alle Zeiten geteilt werden? Schwer zu sagen. Wahrscheinlich werden die meisten der Aussage beipflichten, dass es ungerecht oder zumindest ungerechtfertigt ist, einen anderen Menschen zu töten. Doch gilt das ganz und gar nicht absolut. Im Krieg wird das Töten sogar zur (patriotischen) Pflicht. Oder denken wir an die Todesstrafe, von der wir oben sprachen. Und einer Tötung im Affekt, zum Beispiel aus Rach- oder Eifersucht, sprechen wir zumindest mildernde Umstände zu. Oder nehmen wir Diebstahl. Die meisten werden es als ungerecht empfinden, wenn ihnen jemand etwas wegnimmt, was ihnen gehört, und deshalb auch akzeptieren, dass es ungerecht ist, wenn sie jemandem etwas wegnehmen. Wenn wir uns aber etwas vertiefter mit dem Gedanken des Eigentums beschäftigen, geraten wir augenblicklich in Widersprüche. Was ist eigentlich Eigentum? Legales Eigentum ist nicht immer legitimes Eigentum: Sklaven zu halten war einmal legal, während wir die Sklaverei heute für wirklich ungerecht halten. Ist es moralisch verwerflich,

Steuern zu hinterziehen – ist es ungerecht? Oder ist es legitim, dem Staat, der mir etwas wegnehmen will, ein Schnippchen zu schlagen? Ist nicht Eigentum an sich, wie es die Anarchisten um Proudhon postulierten, Diebstahl? Ist es gerecht, einen kleinen Dieb nach dem Prinzip der Zero Tolerance ein ganzen Leben lang einzubuchten, während ein Banker, Vermögensberater oder «Finanzdienstleister», der im grossen Stil Gelder verschiebt und wäscht, Scheintransaktionen durchführt, Briefkastenfirmen gründet und Steuerzahlungen umgeht, immer reicher wird, weil nämlich ihm seinen Diebstahl niemand nachweisen kann? Was ist ungerechter, Waffen zu verkaufen oder Waffen zu benützen? An einem Krieg zu verdienen oder ihn zu führen? Kann es auch ungerecht sein, etwas zu unterlassen?

Wir sehen, die Gerechtigkeitsfrage lässt sich letztlich nicht beantworten. Man nehme also die Summe der subjektiven Gerechtigkeitsempfindungen und suche den kleinsten gemeinsamen Nenner, dann hat man das Recht. Insofern könnte man sagen, das Recht sei der Kompromiss der Gerechtigkeit und somit höchst unvollkommen, aber auch unumgänglich.

ARBEIT

Arbeit wird in Zukunft völlig anders interpretiert, bewertet werden. Arbeit als Erwerbsarbeit, das ist ein Auslaufmodell, wenn wir daran denken, dass in Zukunft all die Arbeiten, die wir bisher aus Zwang geleistet haben, von Robotern, Maschinen und Computern übernommen werden können. Eigentlich könnten wir dann vom biblischen Zwang, unser Überleben im Schweiss unserer Anstrengung zu sichern, befreit werden. Aber der Mensch ist nicht so. Er wird sich dann schon neue Zwänge ersinnen. Entweder wird die Zukunft der Arbeit so, wie es in der französischen Serie «Stadt ohne Namen» («Trepalium») gezeigt wird – nämlich dass es 20 Prozent Beschäftigte gibt, die permanent unter der Angst leben, aus der «privilegierten Stadt» innerhalb der Mauern verstossen zu werden, und 80 Prozent jener Menschen, die keine Arbeit und kein Einkommen haben und in Slums ausserhalb der Stadtmauern leben, oder es verwirklicht sich vielleicht die vorläufig leider wohl utopische Idee eines bedingungslosen Grundeinkommens, das wenigstens ein bisschen Gleichheit und Gerechtigkeit schafft. Sicher ist, dass Arbeit zukünftig zum Schlüsselbegriff für persönliches Glück werden wird. Arbeit macht frei – oder eben nicht.

POPULISMUS

Zu Populismus kommt mir als allererstes die Redensart «Dem Volk nach dem Maul reden» in den Sinn. Da stellt sich natürlich sofort die Frage: Wer ist «das Volk»? Und wie oder was denkt das Volk? Zunächst einmal: Das Volk, das sind wir, und zwar ausdrücklich und explizit wir im Gegensatz zu den anderen, den Fremden, den Störenfrieden, den Sündenböcken, den Parasiten, den Scheininvaliden, den Flüchtlingen und andern Eindringlingen, den entarteten Künstlern, den Widernatürlichen, den Undisziplinierten, den Unangepassten, den faulen Hunden, den Feinden. Und die anderen, das sind auch die geheimnisvollen Eliten, die intellektuellen Besserwisser, die Linken und Gutmenschen, die geheimen Strippenzieher, die abgehobenen Kunstschaffenden, Professoren und Richter, Illuminaten und jüdische Weltverschwörer. Zeichen des Populismus sind auch gezielt gestreute Widersprüchlichkeiten, der Milliardär, der vorgibt, die Sache der «kleinen Leute» zu vertreten, der Sexist, der sich für eine strengere Sexualmoral und gegen Abtreibung starkmacht, es bedeutet, den Freiheitsgedanken zu vertreten und gleichzeitig Zero-Tolerance gegen Kleinkriminelle zu praktizieren. Ein anderes Kennzeichen des Populismus besteht in der Taktik, einfach einmal etwas zu behaupten, ohne dass es mit Fakten belegt wird (das überlässt man den Intellektuellen und den Eliten), oder auch hemmungslos zu lügen (resp. «alternative Fakten» zu verbreiten) – ohne die geringste Scheu, der

Lüge überführt werden. Jemand wird das, was ich behaupte, schon glauben (wollen). Und sowieso lügen alle Politikerinnen und Politiker, darüber regen sich bloss «Gutmenschen» auf. Politisch unkorrekt zu sein, wird als gezielte Provokation eingesetzt. Auch ist jeder Art von Populismus ein rassistisches Element inhärent, was vom Populisten auch gar nicht wirklich bestritten wird. Donald Trump stört es nicht, mit Hitler verglichen zu werden, im Gegenteil, er freut sich darüber.

MÄNNER UND FRAUEN

Was ist eine typische Frau, ein typischer Mann? Ich glaube nicht an diese Typisierungen, die machen höchstens einen statistischen Sinn. Es gibt wohl Eigenschaften und Merkmale, die bei Frauen und Männern gehäuft auftreten, aber das sagt noch wenig bis nichts über den individuellen Einzelfall aus. Natürlich könnte man sagen: Männer sind eher wie Hunde und Frauen eher wie Katzen. Ganz falsch läge man damit nicht. Unter uns gesagt: Hunde sind Wesen, die ein bisschen einfach gestrickt sind, was sie aber auch irgendwie liebenswert machen kann (zum Beispiel, wenn sie einen so treuherzig anschauen und gestreichelt werden wollen – da kann man schon schwach werden). Katzen sind viel raffinierter, sie können einen ganz schön bezirzen und um den Finger wickeln, und wenn sie bösartig sind, dann nicht auf eine so plumpe Weise wie meistens die Männer. Aber wie gesagt: Das sind grobe Verallgemeinerungen. Im wirklichen Leben gibt es natürlich auch sehr katzenhafte Männer und hundeartige Frauen, um es mal so zu sagen.

Und was bin ich? Die Frage stellt mich vor ein Dilemma. Ich bin weder Hund noch Katze, oder vielmehr: sowohl als auch. Ich habe wohl mehr weibliche Züge als viele andere Männer, aber ich fühle mich dennoch nicht als Frau. Gewisse Verhaltensweisen von Frauen sind mir sogar vollends fremd (zum Beispiel ihr Schuh- oder Kleidertick).

Mit den meisten («klassischen») Männern verbindet mich: Komplizierte Beziehungsdiskussionen gehen mir auf den Geist. Für mich sind Liebe und Sex (meistens) zwei verschiedene Paar Schuhe. Andererseits interessiere ich mich für sehr viele «Frauenthemen» (Literatur, Kunst, Psychologie), habe nahe am Wasser gebaut, bin auch sonst sehr emotional und sehr sehr neugierig, so dass mich auch, aber nicht nur, Klatsch interessieren kann. Viele Männerthemen (Autos, Sport, Frauen, Autos, Technik!!!, Computer) interessieren mich dagegen überhaupt nicht, und viele Herangehensweisen von Männern an die Herausforderungen des Lebens (Imponiergehabe, Konkurrenzgerangel, Kumpanei, Gewalttätigkeit) leuchten mir nicht unmittelbar ein. So weiss ich zum Beispiel nicht, ob ich eher einen Frauen- oder einen Männerhumor habe. Was ist Frauen-, was ist Männerhumor? Gehört ein Sinn für Ironie, für das Groteske und für die Alltagskomik tatsächlich eher zum Männerhumor, wie ich meine? Vielleicht sitze ich da einfach einem Vorurteil auf.

Anders gefragt: Bin ich eher vom Mars oder eher von der Venus?

Wenn man das so meint, dass der Mann vom Mars dominant, aktiv, kriegerisch ist und die Frau von der Venus anschmiegsam, passiv und lieb, dann kann ich wiederum keine eindeutige Antwort geben. Ich glaube nicht, dass viele Menschen mich für sehr dominant halten würden, aber ich kenne die herrschsüchtigen Züge meines Charakters schon. Ich will auch nicht bestreiten, dass ich anschmiegsam, passiv und lieb sein kann (und es manchmal auch will), aber andererseits liebe ich meine Freiheit und werde ausgesprochen ungern dominiert, vor allem dann, wenn ich es nicht so will. Nein, dieses Mars-Venus-Geschwätz ist ein Chabis. Wenn schon, dann bin ich weder vom Mars noch von der Venus, sondern von einem ganz anderen Planeten aus einem ganz anderen Sonnensystem.

DER ISLAM

Der Islam ist weder eine bessere noch eine schlechtere Religion als andere Religionen. Alle Religionen haben ihre Perversionen. Alle Religionen können bösartig sein. Alle Religionen können positive Auswirkungen haben, indem sie positive ethische Implikationen postulieren. In Indien haben die Hindus schreckliche Verbrechen an Muslimen begangen. Und sogar der eigentlich so friedliche Buddhismus erzeugt in Burma Hass gegen die Muslime. Die von mir so verehrte Aung San Su Kyi hat sich bis heute nicht eindeutig gegen die progromartige Verfolgung der muslimischen Rohingya gestellt, beispielsweise, indem sie für sie die birmanische Staatsbürgerschaft einfordert, so wie es UN-Menschenrechtskommissarin Navi Pillay vor einiger Zeit getan hat. Und wenn man das Buch von Suketu Metha über «Bombay – Maxiumum City» liest, erfährt man, wie unglaublich brutal die Religionskämpfe in dieser Stadt sein können. Religionskämpfe gibt es also in allen Religionen. Das heisst für mich nicht, dass ich alle Religionen verurteilen möchte. Aber eine gesunde Distanz gegenüber allen Religionen, die sich in irgendeiner Form mit Machtansprüchen verbinden, ist die Pflicht jedes vernünftigen Menschen. Religion misst sich an der Umsetzung von religiöser Prinzipien durch den Einzelnen.

«WIR» UND «DIE»

Die künstliche Aufteilung der Menschen in die Gruppen «Wir» und «Die» war schon immer ein Mittel von Herrschenden – Feldherren, Königen, Demagogen, Diktatoren, Populisten –, sich die verführbaren Teile der Bevölkerung nutzbar zu machen, sei es nun als Stimm- oder als Kanonenfutter. Und man glaube jetzt ja nicht, automatisch zum nicht verführbaren Teil der Bevölkerung zu gehören. Früher, zum Teil auch heute noch, waren «Wir» die eigene Nation, die eigene Klasse, die eigene Kaste, die eigene Religion, vielleicht auch die eigene Hautfarbe und Nasenform. Heute ist dieses «Wir» diffuser, «wir» sind nicht mehr einfach «die Schweizer», sondern nur die «richtigen» Schweizer, die Eidgenossen. Alle anderen sind die «Fremden», mit denen wir nichts zu tun haben wollen, die, noch radikaler, eliminiert gehören: «Die», das ist das «Asylantenpack», das sind die islamistischen Terroristen, d.h. die Moslems allgemein, natürlich all diese Neger und anderen Halbaffen irgendwo aus dem Pfefferland, die unser Hab und Gut stehlen und unsere schweizerisch-arischen Frauen begrapschen und vergewaltigen, überhaupt alle Ausländerinnen und Ausländer, egal welcher Couleur, seien es nun die Sauschwaben, die Spaghettifresser, die faulen Griechen oder Schweizer aufschlitzende Kosovaren. Natürlich gehört auch das schwule Saupack nicht zu «uns», sondern zu «denen», aber auch die Weichsinnigen, die Lieben und Netten, diese Gutmenschen, über deren Naivität man lachen könnte, würde sie einem nicht so grausam auf den Sack gehen.

WAHRHAFTIGKEIT

Das Leben hat kein Happy End. Ein Happy End ist für uns nicht vorgesehen – für niemanden von uns. Aber spielt das eine Rolle? Würde ein Happy End denn Sinn machen? No Happy Ending – das ist eine anthropologische Grundvoraussetzung, verschleiert von ein wenig Hoffnung. Tausende von Jahren der Geschichte zeigen diese Offensichtlichkeit. Wir müssen lernen – und wir müssen leiden, damit wir lernen. Auch wenn wir scheitern – und wir werden letztlich scheitern, das ist so sicher wie das Amen in der Kirche –, so müssen wir dennoch versuchen, das Richtige zu tun. Was aber ist das Richtige? Unmöglich, es zu wissen. Das Authentische vielleicht – oder, um ein altmodisches Wort zu gebrauchen, das Wahrhaftige. Es hat etwas mit Ehrlichkeit zu tun (auch ein altmodisches Wort), aber nicht mit Ehrlichkeit anderen gegenüber (das wäre Rücksichtslosigkeit), sondern mit Ehrlichkeit gegenüber sich selbst. Mehr kann man im Leben wohl kaum erreichen – und es ist jämmerlich wenig. Aber mit dieser Einsicht fängt diese Art von Ehrlichkeit wohl an. Wenn ich nun noch die Eitelkeit, die selbst in dieser Ehrlichkeit steckt, ausräumen könnte, hätte ich wahrscheinlich einen ersten Schritt getan – einen bescheidenen ersten kleinen Schritt.

LÜGE UND WAHRHEIT

Der Mensch ist ein Lügner – das unterscheidet ihn vom Tier. Der Mensch hat vor allem eine grosse Begabung, sich selbst zu belügen. Jeder und jede belügt sich dauernd selbst – wer das bestreitet, hat diese Behauptung im selben Moment bewiesen. Die Wahrheit – das ist eine genau so grosse Mystifikation wie Gott. Vielleicht noch die grössere. Was ist die Wahrheit? Es ist ebenso unmöglich, sie zu erkennen, wie Gott. Es könnte auch ein Pfad zur Erleuchtung sein, sich dessen stets bewusst zu sein. Es ist vielleicht sogar der einzige Weg. Aber er ist sehr schwer zu gehen. Warum? Weil der blinde Fleck eben der blinde Fleck ist.

WIRTSCHAFT

Wenn mein Grossvater an Wirtschaft dachte, dann dachte er an eine Beiz. In der Beiz gab es Oktobertee oder sauren Most. Heute ist Wirtschaft etwas Kompliziertes. Für Laien sowieso, aber auch für Spezialisten. Wirtschaft bestimmt zwar unser Leben, aber niemand versteht sie. Wirtschaft ist ein kompliziertes Zusammenspiel. Es gab einmal eine Zeit, da glaubte man entweder an den Kapitalismus oder den Kommunismus, oder, in seiner abgeschwächten Form und als eine Art «Zwischenstufe», an Sozialismus. Dann war der real existierende Sozialismus am Ende, der Kommunismus implodierte – und man glaubte für eine sehr kurze Zeit nur noch an den Kapitalismus mit der Vorsilbe «Neo», den andere als «Raubtier-» oder «Casinokapitalismus» interpretierten. Das Ende der Geschichte schien angebrochen – ein ebenso naiver wie idealistischer Gedanke. Heute glaubt, mit Ausnahme von ein paar ganz Hartgesottenen, punkto Wirtschaft niemand mehr an etwas – auch wenn sie noch so tun mögen, als glaubten sie daran. Die Säkularisierung ist also bei uns nicht nur im Religiösen, sondern auch im Wirtschaftlichen angekommen. Kurz, es herrscht die grosse Ratlosigkeit – und, weil das so ist, der hemmungslose Egoismus. Gut ist jetzt nur noch, was mir selber nützt – eine jämmerliche Ideologie, unter uns gesagt.

TOD

Nein, ich möchte nicht wiedergeboren werden. Nein, ich möchte auch nicht im Himmel oder in der Hölle landen. Also bin ich ganz glücklich darüber, bald einmal nicht mehr zu existieren. Nur: Ich kann es mir nicht vorstellen. Und das beunruhigt mich. Ich kann mir die Nichtexistenz einfach nicht vorstellen. Die Welt, wie ich sie kenne, existiert durch die Wahrnehmung meines Hirns. Aber das Hirn verrottet, wird zu Staub oder Asche, und dann? Gibt es die Welt dann noch? Diese mangelnde Fähigkeit, sich die eigene Nichtexistenz vorzustellen, hat fatale Folgen. Vielleicht ist hier ein Hund begraben. Wären wir wie andere Tiere, würden wir uns mit dem Tod einfach nicht beschäftigen. Aber unsere Fähigkeit – oder vielmehr eben Unfähigkeit – unser eigenes Ende zu antizipieren, bringt uns ganz schön in die Bredouille. Natürlich möchte ich nicht ewig leben, nein danke. Aber teilhaben am Bewusstsein dessen, was passiert, was passieren wird, das würde ich schon ganz gern. Kurz, meine Neugier spielt mir einen Streich. Durch den Tod werde ich eine ganze Menge verpassen – Zukunft, aber auch Vergangenheit. Aber vor allem Gegenwart. Und das ist das Rätselhafteste daran. Wohin verschwindet die Gegenwart, die mir doch zeitlebens selbstverständlich war, wenn ich einmal tot bin?

VERALLGEMEINERUNGEN

Natürlich muss man verallgemeinern: Bäume sind Bäume und Wald ist Wald, Kühe machen Mühe und Schweizer sind ordentlich, aber fantasielos, zuverlässig, aber auch langweilig. Nein, im Ernst: Verallgemeinerungen müssen sein, damit man nicht im Chaos versinkt, rein gedanklich, und, sprichwörtlich, vor lauter Bäumen den Wald nicht mehr sieht. Verallgemeinerungen sind also nicht schlimm, sie sind gewissermassen ein Arbeitsinstrument unseres Geistes. Schlimm sind hingegen die systematischen Verallgemeinerer, die so an ihre Verallgemeinerungen glauben wie die christlichen Fundamentalisten wortwörtlich an die Bibel, die also den Werkzeugcharakter von Verallgemeinerungen entweder aus dem Blick verloren haben oder gar nie im Blick hatten. Verallgemeinerungen sind die nahen Verwandten der Vorurteile und beide sind Nachkommen von Denkfaulheit oder mangelnder geistiger Redlichkeit. So werden denn plötzlich «die Albaner» zu Kriminellen und «die Jugendlichen» zu Kampftrinkern und «die Banker» zu kapitalistischen Heuschrecken und die Männer kommen vom Mars und die Frauen von der Venus und die Schwulen haben eine Föhnfrisur und einen ausgestellten kleinen Finger... Nur ja nicht differenzieren, heisst denn auch die Devise in der Politik, in der Wirtschaft und in den Medien; differenzierte Urteile sind unpopulär und anstrengend und dürfen den Menschen nicht zugemutet werden. Tatsächlich nicht?

DAS MENSCHLICHE HIRN

Mein Hirn – nein, das kann man nicht so formulieren. Mein Hirn gehört mir nicht, es gehört höchstens sich selbst oder dem Bewusstsein, das es produziert. Wenn schon, müsste es vielleicht eher heissen: Ich, das Hirn. Aber auch diese Formulierung kann nicht recht überzeugen, schliesslich ist dieses «Ich» ein jämmerliches Kerlchen, von dem man wenig weiss und nicht mal sicher, ob es überhaupt existiert. Also: Nicht mein Hirn, sondern: das Hirn. Das Hirn, es will und will. Es will beschäftigt, stimuliert werden. Es braucht Nahrung, es braucht Sinneseindrücke, es braucht Schlaf, es will Sex, es will vergessen, es will sich erinnern, es will immer mehr, dann will es gar nichts mehr, es ist überdrüssig, es ist überstimuliert, es ist überwach, es ist müde, es leidet an Hyperaktivität, es leidet an Überfluss, es leidet an Mangel, es leidet an sich selbst, es will leiden, es will Erkenntnis, es will Sinn, es will Erleuchtung, es will Drogen, es will bittere Bananen, es will kiffen und saufen, es will huren und fluchen, es will quälen und morden, es will aber auch bereuen und sich schuldig fühlen, es will Vergebung und Rache, es will alles und nichts, aber alles kann es nicht bekommen kann und das Nichts erst recht nicht.

Zivilisation ist die Trockenlegung der Feuchtgebiete des Gehirns, des Sumpfgebietes der Psyche, des Schlamms und des Moors der Psyche, dem wie Blasen der bewusste Gedanke entsteigt, das blubbert und köchelt nur so vor sich hin in dieser Ursuppe, diesem riesigen Meer der Illusion und der Verschleierung der wahren Tatsachen, die das Hirn nicht erkennen kann, weil es sich im Grunde immer nur selber bespiegelt, um nicht zu sagen: bespitzelt.

Das Hirn, denkt das Hirn, macht sich selber verrückt: Es ist wie der Hund, der vergeblich seinen eigenen Schwanz jagt.

SCHICKSAL

Mein Leben ist immer so verlaufen, wie es wollte. Es hat sich meinem Willen entzogen. Ich war nicht sein Herr. Ich bin nicht sein Herr. Und ich werde nicht sein Herr sein. Allenfalls und eher noch seine Dame. Ich bin die Dame meines Schicksals. Klingt doch nicht übel, oder?

Insofern ist der heutige Machbarkeitswahn, der allerorten Urständ feiert, für mich ein Witz. Ein modernes Märchen. Aber kein sehr erbauliches. Ein ziemlich jämmerliches sogar. Eine Blähung des Zeitgeistes, sozusagen. Ein Furz der Effizienzhuberei, eine unsichtbare Hand des freien Marktes. Eine späte und ziemlich ungeniessbare Frucht des Fortschrittglaubens etc. etc.

Glaubt nicht den Worten der Politiker, meine Brüder und Schwestern, auch nicht denen der Politikerinnen, auch nicht dem grimmig positiv gestimmten Unternehmertum, das behauptet, jeder sei seines Glückes Schmied.

Ich behaupte: Schicksal. Oder Zufall. Oder beides. Oder was auch immer.

Nein, wir haben es nicht in der Hand, unser Glück.

Glaubt nicht den Vernünftigen, hört auf die Dichter.

Zum Beispiel auf Paul Auster. In seinem Buch «Nacht des Orakels» geht es um den Zufall. Oder um das Schicksal. Und darum, dass es keinen Ausweg gibt. Am Ende landen wir in einem geschlossenen Raum unter der Erde, die Tür ist zu, und wir haben den Schlüssel draussen vergessen, aus Tüteligkeit oder weil es eben so sein musste. Oder hören wir auf Kafka und seine Strafkolonie. Und bedenken wir seine Strasse, die stets enger wird, zum Weg und schliesslich zum Pfad, während gleichzeitig die Mauern links und rechts immer höher werden.

Hört mir doch auf mit diesem idiotischen positiven In-die-Zukunft-Schauen. Die Verkennung der Realität, das Ausschliessen all dessen, was uns an Hilflosigkeit, Hinfälligkeit, Krankheit und Tod erinnern könnte, aus dem öffentlichen Bewusstsein, hat etwas ausgesprochen Würdeloses. Etwas Kindisches wie die idiotische politische Korrektheit, die die deftigen Realitäten des Daseins aussperren will, oder einsperren, oder vielmehr eliminieren.

Buddha konnte nicht erleuchtet werden, als man sein Bewusstsein einsperren respektive die Realität von seinem Bewusstsein aussperren wollte. Als behüteter Prinz konnte er nicht erkennen. Er war unglücklich, weil er vom Leben abgetrennt war, weil er aus dem Leben ausgesperrt war. Ohne Leiden gibt es keine Erkenntnis und damit auch keine Freiheit.

Wir sind weniger als ein Hauch, ein Darmwind angesichts der wahren Dimensionen der Zeit und des Raums. Unsere einzige Chance, uns ein wenig Respekt zu verschaffen, besteht vielleicht darin, unsere absolute Bedeutungslosigkeit zu erkennen. Wenn wir es zulassen, können wir allenfalls ein klitzekleiner Teil des Ganzen sein.

Darin läge dann eventuell auch ein bisschen Glück.

BLUES

Es gab einen verborgenen, nur ihm offensichtlichen Widerspruch zwischen seinem banalen Leben und seinem Lebensgefühl, das geprägt war von einem gewissermassen pathetischen Hang zur grossen Leidenschaft, erfüllt von heisser Lebenslust und abgrundtiefer Trauer, umflort von leiser Melancholie und erhoben von den Schwingen der Sehnsucht. Er war sich in diesem Gefühl seiner Bedeutungslosigkeit ebenso bewusst wie seiner Einzigartigkeit, seiner elementaren Unwissenheit ebenso sehr wie der grundsätzlichen Unbegrenztheit seines Bewusstseins. Kurz: er hatte den Blues nicht nur im Ohr, sondern auch im Gemüt, ja sogar im Blut. Dort kochte der seine dickflüssig-dunkelviolette, süss-saure Suppe.

Blues, das waren einmal schwarze Sklaven in Baumwollfeldern gewesen, die sich aus ihrer Trauer und Wut ins wilde freie Leben spielten und sangen und schrieen und tanzten. Blues ist auch heute noch eine Beschwörung des Paradieses im irdischen Jammertal, ist der Sonnenstrahl, der durch den grau verhangenen Himmel bricht, ist ein Gefühl des Friedens nach einer langen Nacht in der blauen Stunde morgens um halb vier, in einer verrauchten Bar, mit Gästen, die wie die Geister ihrer selbst aussehen, während der Pianist, ganz in sich versunken und ganz für sich selbst, den schwarzweissen Tasten eine Melodie entlockt, eine Tonfolge, die direkt aus dem Herzen der Welt emporzusteigen scheint... Blues, das ist der Moment, der entschwindet, ist die Gegenwart, die sich nicht aufhalten lässt, sondern sich höflich empfiehlt, ist unsere Vergänglichkeit, das Erbärmliche, aber auch das Tröstliche unserer Vergänglichkeit, ist das Aufbegehren und der Schmerz, aber auch die Einsicht und das Annehmen. Blues, das ist jener Teil in uns, der sich nicht zähmen und domestizieren und verformen lässt, Blues ist unsere ureigenste Authentizität, ist die Unvergänglichkeit unserer Jugend im Altsein und die Weisheit des Alters im Kind. Der Blues in uns ist subversiv, er unterläuft die Rollen, die uns zugedacht sind und die wir ausfüllen sollen, die aber nichts mit unserer echten Natur zu tun haben. Ja, Natur ist ein gutes Stichwort: Blues ist die Natur in uns, das Mineralische und das Pflanzliche und das Tierische in uns, das Salz unserer Tränen ebenso wie der Geschmack unseres Spermas und unseres Bluts.

Er hatte zwar den Blues im Blut, aber gleichzeitig war er sehr kompliziert. Ich will nicht gerade behaupten, dass er ein Intellektueller war – dagegen hätte er bestimmt Einspruch erhoben, wie ein Anwalt, der die Unschuld seines Klienten beteuert -, aber er hatte unzweifelhaft einen zum Komplizierten neigenden Geist, dem alles Eindeutige zuwider war – und deshalb auch eine eindeutige Selbstwahrnehmung seiner Gefühle. Das – eindeutige Gefühle zu haben oder eindeutige Gefühle zu sein –, dachte er, müsste man schon fast als psychologischen Kitsch wahrnehmen. Ich habe den Blues im Blut – lächerlich! Ich lasse mich von Sonnenstrahlen entzücken, die durch graue Wolkenmassen brechen – mehr als verdächtig einer geradezu esoterischen Gesinnung, nah angesiedelt bei der vollkommenen geistigen Verblödung. Der melancholische alte Barpianist klimpert am Klavier, während die besoffenen Gäste über dem

Tresen träumen – ein Klischee, in tausend Schwarz-weiss-Filmen festgehalten, in tausend Songs beschworen. Singende Schwarze in Baumwollfeldern, die sich während der Arbeit im Rhythmus der schwermütigen Musik bewegen, und irgendwo spielt traurig eine Mundharmonika – geht es eigentlich noch? Vom Salz der Tränen zu schwärmen, vom süss-sauren Geschmack des Spermas und des Bluts – übelste Blut-und-Boden-Romantik! Jedesmal, wenn er einen echten Blueser sah – keinen intellektuellen Pseudoblueser, sondern zum Beispiel einen Rocker in schweissftriefender Lederkluft, oder einen echten, stinkenden Penner, der sich ein tatsächliches und nicht bloss eingebildetes Elend wegsoff, ergriff ihn so etwas wie eine falsche und auch vergebliche Sehnsucht. Niemals gelang es ihm, wirklich in das Klischee einzutauchen (oder das, was er dafür hielt). Er blieb draussen, auf seinem Beobachtungsposten. Er beobachtete andere, das wohl, aber er beobachtete vor allem auch sich selbst (und zwar vor allem dabei, wie er andere und sich selbst beobachtete). Nur selten gelang es ihm, sich einer kleinen Illusion hinzugeben. Von wegen Blues im Blut – diese Eier hatten vielleicht andere. Wenn überhaupt. Wäre ja schön.

Letzte Nacht träumte er, Janis Joplin zu begegnen. Und zwar war nicht als der Zeitgenosse der Sängerin mit der rauen Stimme, der er tatsächlich war – die Joplin, obwohl schon lange tot, wäre tatsächlich nur wenige Jahre älter als er, würde sie noch leben -, sondern als ein Bote aus der Zukunft gewissermassen, als ein aus dem Strom der Zeit herausgerissener Beobachter, der alles von einer höheren Warte aus beurteilen kann. Die Sängerin war gutgelaunt und sah sogar glücklich aus. Er sagte anerkennend zu ihr:

«Weisst du, Janis, ein paar von deinen Songs sind zu richtigen Klassikern geworden, die noch immer gespielt werden. Sie haben die kurzfristige Aktualität überdauert und sind in die Musikgeschichte eingegangen.» Worauf Janis nur ihr kehliges, durch Burbon, Zigaretten und Joints veredeltes Lachen lachte und ihm den Vogel zeigte. Der war es so was von egal, ob sie in die Musikgeschichte eingegangen war oder nicht. So was!

In Baumwollfelder schuftende Sklaven, die wehmütige Lieder singen... Auch heute schuften Sklaven und machen sich andere ein fettes Leben auf deren Kosten, worauf man ihnen auch noch ihren mehr als verständlichen Neid vorzuwerfen die Stirn hat. Nicht weniger absurd sind die Zustände im heutigen Kapitalismus als die feudalen Zustände im 30-jährigen Krieg oder meinetwegen auch im alten Rom oder eben auf den Baumwollfelder der 20er-Jahre im Süden des nördlichen Amerikas. Nicht weniger absurd und nicht weniger ungerecht. Nur das, das darf man heute nicht mehr beklagen. Klagelieder sind verboten; schliesslich leben wir in der besten aller Zeiten. Und aller politischen Systeme. Und aller wirtschaftlichen Systeme sowieso. Nein, wer die Zustände beklagt, macht sich verdächtig der hoffnungslosen Rückwärtserei. Optimismus ist angesagt. Blues, das gibt es heute bloss noch als Nostalgie.

ZEIT

Eine Fliege, heisst es – wir müssen das irgendwo aufgeschnappt haben – kann man deshalb nicht gut fangen – na ja, was heisst hier fangen, nennen wir das Kind doch unverblümt beim Namen: Eine Fliege kann man also deshalb nicht gut erschlagen, weil sie in einem anderen Zeitmass lebt. Eine Fliege lebt zwar nur einen Tag oder so, aber für sie dauert dieser Tag etwa zwölf Mal so lang wie für uns Menschen, das heisst, wir Menschen leben mithin in einer Zeit, die zwölf Mal schneller verrinnt als die Zeit der Fliege, mindestens zwölf Mal so schnell, sie durchlebt also im auch nicht gerade üppigen Zeitrahmen von 12 Fliegentagen ihre ganze Entwicklung von der Geburt bis zum Greisentum und bis zum Tod, was ja eigentlich auch bemerkenswert wäre und zum Nachdenken Anlass gäbe, aber das ist ein anderes Thema. Weil die Fliege die Zeit zwölf Mal langsamer erlebt als wir, können wir sie nicht erschlagen, oder sie müsste schon sehr unaufmerksam sein, damit wir sie erschlagen könnten, denn unsere Bewegungen, wie wir den mörderischen Arm mit der Zeitung oder der Fliegenklappe gegen sie erheben, erscheinen ihr als geradezu lächerlich langsam, wie in Zeitlupe, weshalb sie unseren Versuchen, sie zu eliminieren, im Allgemeinen gelassen entgegensehen kann, es sei denn, sie sei, am Ende ihres einen Menschentages oder ihrer – mindestens – zwölf Stubenfliegentage, alt und schwach und krank geworden, und dann kann man geradezu von einem Gnadentod sprechen, aber auch das ist wieder ein anderes Thema, denn wir wollen uns hier nicht auch noch mit dem brisanten Thema der aktiven oder passiven Sterbehilfe befassen, sondern mit der Zeit oder vielmehr mit der Relativität unserer Wahrnehmungen. So lasen wir doch letzthin auch, dass die Wissenschaft bewiesen habe, Zeitreisen seien möglich, in die Zukunft sowieso, das können wir auch aus subjektiver Erfahrung bestätigen, reisen wir doch mittlerweile schon seit mehr als sechzig Jahren in die Zukunft, und ein Astronaut würde in dieser Zeit sogar noch einige Sekunden weiter in die Zukunft gereist sein, fragt uns nicht warum, es hat etwas mit Albert Einstein und seiner Relativitätstheorie zu tun. Nein, es sei ebenfalls möglich, in die Vergangenheit zu reisen, theoretisch sowieso, aber möglicherweise bald auch praktisch, wenigstens ein paar Sekunden lang, auch wenn man sich dann fragen muss, was das bringt, denn schliesslich möchte man, wenn schon, denn schon, richtig in die Vergangenheit reisen, ins Mittelalter etwa oder ins China der Ming-Dynastie oder in die Zeit der Dinosaurier (oder zu den Dinosauriern, Jurassic Park lässt grüssen, doch vielleicht lieber nicht). Und dann ist da noch das Problem mit dem so genannten Grossvater-Paradoxon, das darin besteht, dass ich in der Vergangenheit zumindest rein theoretisch Gefahr laufe, meinen Opa zu erschlagen, womit dann die Kacke am Dampfen wäre. Sie sehen, meine Damen und Herren, das Ganze beisst sich in den Schwanz. Deshalb behauptet die Wissenschaft, man werde, sollte man zukünftig theoretisch und vielleicht bald auch praktisch für ein paar Sekunden in die Vergangenheit reisen können, nicht imstande sein, die Vergangenheit zu verändern, also den Grossvater zu erschlagen, weil man ihn nämlich lediglich von einem Paralleluniversum aus werde beobachten können, denn ja, es gebe eine unendliche Anzahl von Paralleluniversen, in denen jede Möglichkeit der Wirklichkeitsentwicklung durchgespielt werde, also einmal Grossvater lebendig, einmal Grossvater tot, einmal heiratet er seinen Schulschatz, einmal nicht (und in diesem Fall gebe es mich dort drüben logischerweise nicht, aber auch meinen Grossvater gebe es natürlich in den meisten Paralleluniversen nicht, denn die Möglichkeiten der Nichtexistenz übersteigen natürlich die Möglichkeiten der Existenz gewaltig), und so weiter und so fort, es schwindelt einem, wenn man nur schon alle möglichen Schicksalsentwicklungen und -möglichkeiten eines einzelnen Menschen in Erwägung zieht, und erst recht, wenn man sich all diese Möglichkeiten für alle die rund sieben Milliarden Menschen vorstellt, die momentan auf unserem Planeten leben, und dann noch für all jene, die jemals auf diesem Planeten gelebt haben, seit 100'000 oder einer Million Jahren, wie viele sind das wohl? Das wurde auch noch nie zusammengezählt und zusammengerechnet, soviel wir wissen, aber es müssen genug sein, dass, jetzt im christlichen Sinn, der Himmel und die Hölle ziemlich übervölkert sein müssen, sozusagen, wobei die Hölle womöglich noch etwas mehr als der Himmel (aber die Unendlichkeit schluckt das natürlich alles). Dazu kommen dann noch alle zukünftigen Generationen. Aber damit nicht genug: Wenn man nun bedenkt, dass es in unserem Universum oder All womöglich noch ungezählte weitere Sonnensysteme mit von Lebewesen bewohnten Planeten gibt, wird die Vorstellung erst recht geistig nicht mehr fassbar. Und dann ist auch die Abfolge, also das Vorher und das Nachher, alles andere als gesichert. Wer sagt uns, dass die Vergangenheit nicht die Zukunft ist? Wer sagt uns überdies, dass es keinen umgekehrten Determinismus gibt, dass also die Folgen die Ursachen sind und nicht umgekehrt, oder gar sowohl als auch? Schliesslich kann man mit Teleskopen in die Vergangenheit schauen und das Licht von Sternen auftauchen sehen, die es am Ort ihrer Entstehung gar nicht mehr gibt. Vielleicht werden wir ja gar nicht erst geboren, sondern sterben ins Leben hinein oder ist die Zeit ganz und gar eine Illusion, eine Wahrnehmung, die vollständig abhängig ist von der Struktur unseres Hirns, eine Art Halluzination, wie unter dem Einfluss von LSD, eine Form der Farbenblindheit, die uns eine lineare Entwicklung bloss vorgaukelt?

Aber lassen wir diese wissenschaftlichen Spekulationen. Auch wir Laien haben doch eine Vorstellung der Relativität der Zeit. Sie kann vergehen wie im Flug, sie kann auf magische Weise stillstehen, sie kann quälend langsam verstreichen. Wie war wohl das Zeitempfinden jener Flugpassagiere, die fast drei Stunden im führerlosen Flugzeug sassen, wohl wissend, dass der Captain und auch der Ko-Pilot bewusstlos oder tot waren, und die langsam erfroren, mit der grausamen Gewissheit, dass sie irgendwann und möglicherweise sehr bald oder erst nach langer Zeit am Boden zerschellen würden? Eine unheimliche Vorstellung – und ein weiterer Beleg für die Absurdität der menschlichen Existenz.

Aber nicht nur die Zeit ist relativ, sondern auch unsere Vorstellung vom ganz Grossen und vom ganz Kleinen.

Gross, das leuchtet ein, gibt es nur im Vergleich mit etwas Kleinem. Kürzlich waren wir zum Beispiel in Zermatt in den Ferien, da gab es einige hervorragende Beispiele für diese banale Tatsache. Das Matterhorn, etwa, erscheint gross, aber nur deshalb, weil wir selber so klein sind. Die Wissenschaft nun behauptet wiederum, dass sich die Linien des ganz Kleinen und des ganz Grossen von diesem völlig willkürlichen Standpunkt, den wir als subjektive Betrachter einnehmen, sozusagen in beide Richtungen ins Unendliche fortpflanzen. Will sagen: Der Mensch ist klein, der Berg ist gross. Aber beide befinden sich auf dem Planeten Erde, Teil des Sonnensystems. Der Berg ist klein, der Planet Erde gross. Der Planet Erde ist klein, die Sonne gross. Die Sonne ist winzig klein im Verhältnis zu unserer Milchstrasse. Die Milchstrasse ist klein im Verhältnis zu, sagen wir, dem von uns überblickbaren Teil des Alls. Das ist die eine Richtung der unendlichen Linie. Unser ganzes Universum ist bloss ein winziger Baustein im System eines grösseren Universums. Planeten sind Atome, Atome sind Planeten: die andere Richtung. Die Materie, die unseren Körper bildet, ist auf einer anderen Ebene ein Universum, das unserem Universum perfekt gleicht. Und so weiter und so weiter und so weiter, immer ins noch Kleinere und noch Grössere hinein, das ist der Spiegel im Spiegel im Spiegel im Spiegel und letztlich wieder: Unendlichkeit. Materie und Zeit sind zwei Seiten der gleichen Medaille.

Was sagt uns das? Wie können wir diese letztlich für unseren Geist unfassbaren Grundlagen unserer Existenz in unser alltägliches Leben integrieren? Die Antwort: Wir können es nicht. Wir können gar nichts tun. Wir können daraus keine praktischen Erkenntnisse ableiten, wir können daraus keine Lebenshilfe beziehen. Wir müssen die Waffen strecken. Wir müssen akzeptieren, dass wir letztlich nichts wissen, nichts verstehen können. Wir müssen zugestehen, dass es vielleicht einen Gott gibt, vielleicht aber auch nicht, oder dass es völlig irrelevant ist, ob wir von der Existenz eines Gottes ausgehen oder nicht – Existenz, ha! Auch so ein Menschenwort, eines Gottes völlig unangebracht –, dass wir aber allenfalls nicht einmal ein Zipfelchen von diesem Gott mit unserem Geist erfassen werden. Religionen, heilige Bücher? Alles Kinderkram! Wir nehmen uns einfach zu wichtig. Wir haben den Mut nicht, uns unsere Bedeutungslosigkeit zuzugestehen. Dabei könnten wir es uns in dieser Bedeutungslosigkeit ganz bequem einrichten, und vielleicht liegt darin sogar unsere einzige Möglichkeit zum Glück. Wenn wir leiden, dann an unserer Selbstüberschätzung und unserer Hybris und nicht an unserer Bedeutungslosigkeit. Die Tiere leiden nicht, die Bäume leiden nicht und das Gras leidet auch nicht. Nein, wir müssen nicht wichtig sein. Es spielt keine Rolle, dass die Sonne nicht um die Erde kreist und der Mensch nicht der Mittelpunkt des Universums und die Krone der Schöpfung ist – das sollte uns weder beleidigen noch in Verzweiflung stürzen.

NATUR

Wir vergessen oft, dass wir Menschen auch ein Teil der Natur sind. Wir vergessen oft, dass wir dem Tierreich angehören. Die Bibel mit ihrer Aussage vom Menschen als der Krone der Schöpfung hat hier viel Unheil gestiftet. Wir Menschen sind wahrscheinlich viel eher das Unheil als die Krone der Schöpfung. Zumindest so lange, als wir die Grösse unseres Gehirns nicht dafür einsetzen, für die Schöpfung und nicht gegen sie zu agieren. Bisher hat die Menschheit in dieser Hinsicht total versagt. Wir haben unseren evolutionären Vorteil in Arroganz umgesetzt statt in Fürsorglichkeit. Der mächtige Mensch ist nicht nur der Feind des weniger mächtigen Menschen, sondern auch der Feind jeglicher viel weniger mächtigen Kreatur. Und darauf bilden sich manche auch noch etwas ein.

KUNST

Kunst, wie ich sie verstehe, ist die Religion des
säkularen Zeitalters, in dem wir uns befinden.
Kunst wird, wenn sie nicht der ideologischen Verarschung
dient und dann eben gar keine Kunst ist, zur neuen Religion. Indem sie Fragen stellt, ohne Antworten zu geben. Religion kann heute nur dann funktionieren, wenn sie Fragen
stellt, die keiner Antwort bedürfen. Oder auf die es keine
Antwort, keine Antworten gibt.

DAS GUTE UND DAS BÖSE

So, wie es das absolut Gute nicht gibt, gibt es auch das absolut Böse nicht. Das Gute und das Böse entstehen aus relativen Verhältnissen, sie existieren aus einem Sinnzusammenhang heraus, sind nicht zu verstehen, ohne den Hintergrund mitzubedenken. Wie auf jeden Gegensatz lässt sich auf den zwischen Gut und Bös sehr gut das Symbol des Yin und Yang anwenden. «Gutes» und «Böses» durchdringen und bedingen sich. Damit soll aber nicht einem moralischen Relativismus das Wort geredet werden, im Gegenteil. Nur dann, wenn wir um diesen Zusammenhang wissen, macht es Sinn, ethische Leitlinien zu ziehen und sich daran zu halten – sonst wär ja alles Schicksal, determiniert im Geist von Jean Calvin. Ich bin dann eben gut oder bös geboren und basta. Nur wenn ich weiss, dass ich auch fähig bin, Schreckliches zu tun, kann ich mich bewusst dagegen entscheiden. Wenn ich hingegen der Illusion erliege, von Natur aus «gut» zu sein, kann mich mein Schatten hinterrücks überfallen und an seine Kandarre nehmen.

KULTUR

Wenn wir davon ausgehen, dass Kultur das Gegenteil von Natur ist, sagen wir: Kultur ist das Menschgemachte. Aber ist der Mensch denn nicht auch Natur? Das möchte man doch meinen. Aber wenn der Mensch ein Teil der Natur ist, wie kann er dann etwas schaffen, das das Gegenteil von Natur ist?

MEDIEN

Ein Medium ist ein Kanal. In der Esoterik ist das Medium ein Kanal, durch dessen Mund der Geist eines Verstorbenen spricht. Wenn wir heute von Medien reden, meinen wir allerdings meist die Massenmedien, also Printmedien und elektronische Medien. Und was es vor nicht allzu langer Zeit noch nicht gab, die sozialen Medien, ist heute in aller Munde.

Beschäftigen wir uns also mit den sozialen Medien, setzen wir uns also mit Facebook auseinander, dem «Buch der Gesichter»! Für die einen ist es des Teufels, andere sind süchtig danach. Facebook gibt uns zuallererst einmal die Möglichkeit der Selbstdarstellung; es gibt uns die Möglichkeit, zu einer «Person» zu werden, in der ursprünglichen Bedeutung der Maske, mittels derer wir uns zeigen möchten. Mit Facebook haben die Kriterien des Marketings und der Public Relation im Privaten Einzug gehalten. Natürlich stellen wir uns in Facebook nicht so dar, wie wir wirklich sind, sondern so, wie wir gerne gesehen werden möchten. Auch sind unsere Facebook-«Freunde» nicht wirkliche Freunde von uns, sondern ein imaginäres Publikum, von dem wir auch nur so viel wissen, wie dieses von sich preisgibt und auch nur das, was es von sich preisgibt oder eben nicht preisgibt, sondern was es uns vorgaukelt.

Das Medium bedient nicht nur unseren Hang zum Voyeurismus und zum Exhibitionismus, sondern auch zur Selbstbestätigung. Unsere «Freunde» teilen mit uns unsere

Vorlieben und politischen Ansichten, sie pflegen einen ähnlichen Lebensstil wie wir – kurz: Sie bilden unsere «Blase». Dumm nur, wenn wir diese «Facebook»-Welt mit der realen Welt verwechseln.

Das gilt natürlich für die von uns konsumierten Medien generell. Die Gefahr ist gross, dass wir glauben, die Medienwelt sei die reale Welt. Oder noch krasser: Nur die Medienwelt sei real. Was in *20Minuten* nicht vorkommt, existiert nicht. Wenn wir unseren Blick nur ein bisschen in die Ferne schweifen lassen, merken wir, wie krass unrichtig dieses Realitätsverständnis ist.

SPORT

Was lässt sich über Sport aus einer gewissermassen philosophischen Perspektive sagen? Vielleicht am verblüffendsten an diesem Phänomen ist der Ernst, mit dem er häufig betrieben und betrachtet wird. Das liegt wahrscheinlich daran, dass Sport nicht nur und nicht mal primär ein Spiel ist, sondern auch für Geschäfte herhalten muss, gelegentlich sogar für die Politik. Auch ist der Mensch hoffnungslos wettbewerbsorientiert, weshalb es kaum eine Sportart gibt, bei der es nicht um Gewinnen und Verlieren geht. Das nimmt dem Sportbetrieb seine Leichtigkeit und kann im Extremfall dazu führen, dass Sport zum Krieg führt – meist nicht gerade zum Krieg zwischen Nationen, aber zumindest – im Fall von Fussball – zum Krieg zwischen verfeindeten Fangruppen. Wobei der Sport – sprich der Fussball – dann wohl eher Vorwand als Auslöser ist. Allerdings ermöglicht der Sport auch das Ausleben von weniger aggressiven Gefühlen und kann damit etwas Befreiendes haben – sofern er nicht zu verbissen betrieben wird. Sport ist also wie alles Menschliche: Es kommt weniger auf das Was an als auf das Wie.

KÖRPER UND GEIST

Seit der griechischen Antike werden Körper und Geist als Gegensätze erfahren, wobei der Geist wesentlich höher geschätzt wird als der Körper. Das Körperliche hat etwas Anrüchiges, Verdächtiges, ist im besten Fall der Tempel, in dem die Seele wohnt, oder aber auch das Grab der Seele (wahrscheinlich ein Zitat von Pythagoras). Und Plato schreibt im «Phaidon»: «Die Seele ist an ihren Körper gefesselt und mit ihm verwachsen, gezwungen, die Wirklichkeit durch den Körper zu sehen wie durch Gitterstäbe, anstatt durch ihre eigene ungehinderte Sicht.» Körper und Geist werden in dieser Deutung als Kontrahenten gesehen, als Feinde. Aber gibt es diesen Gegensatz denn überhaupt? So, wie wir sagen können, dass Natur und Kultur die zwei Seiten der gleichen Medaille sind, so können wir Körper und Geist als verschiedene Manifestationen des Gleichen verstehen. Das ist sehr schön ausgedrückt im Yin-Yang-Symbol, das auch den Titel dieser kleinen Sammlung ziert. Offenbar gelingt den alten Chinesen eher als den alten Griechen, Körper und Geist als Ganzheit zu empfinden.

GESCHICHTE

Wer die Geschichte nicht kenne, so lautet ein geflügeltes Wort, der sei dazu verdammt, sie zu wiederholen. Ist es tatsächlich so einfach? Können wir aus der Vergangenheit Schlüsse ziehen für die Gegenwart und die Zukunft? Ist es legitim, historische Parallelen zu ziehen? Gibt es so etwas wie eine Gesetzmässigkeit in der Geschichte, gibt es Folgerichtigkeit und Plausibilität, oder ist nicht vielmehr die ganze menschliche Geschichte aus dem Chaos geboren, von reinster Planlosigkeit? Der menschliche Geist ist ein interpretierender Geist, er hat die Tendenz, stets und überall in den Kategorien von Ursache und Wirkung zu denken, Handlungsmuster zu erkennen und Zusammenhänge zu konstruieren. Die Landkarte, sagt man, sei nicht das Land, und unsere Deutungen haben vielleicht mit den Realitäten nicht viel zu tun. Trotzdem erachte ich die Beschäftigung mit der Geschichte als nicht ganz nutzlos – nicht, um sie nicht zu wiederholen, sondern um ein Gefühl für die stete Wandelbarkeit der menschlichen Existenz zu bekommen und um den Interpretationshorizont für das, was sich ereignet, zu erweitern. Die Beschäftigung mit Geschichte sollte also gerade nicht zu einfachen Antworten führen, sondern uns die Vielschichtigkeit von Ereignissen vor Augen zu führen. Keine einfache Vergleichbarkeit soll vermittelt werden, sondern die Einsicht in deren multifaktorielle Komplexität.

GOTT (2)

Ob es einen Gott gibt, ist nicht die Frage. Das finden wir sowieso nie heraus. Selbst Theologen glauben heute nicht mehr an den Gottesbeweis. Die Frage ist vielmehr: Brauchen wir einen Gott und wenn ja, welchen? Das ist keine religiöse, sondern eine soziologische oder allenfalls psychologische Frage, und ja, eigentlich brauchen wir einen Gott, weil die Gläubigen die gesünderen, optimistischeren, glücklicheren Menschen sind, das hat die Psychologie herausgefunden, und nein, eigentlich brauchen wir keinen, denn ein Gott vernebelt uns das Hirn, Stichwort: Opium fürs Volk. In religiösem Sinn mag Jesus unser Geliebter sein, was ich unbedingt respektieren möchte – Gott ist aber viel öfter ein Problemverursacher als ein Problemlöser, wenn wir uns Gott als soziologische oder gar politische Grösse denken. Die Aussage, dass früher alles viel einfacher war, stimmt zumindest mit Bezug auf die Frage nach Gott, weil diese Frage früher keine Frage war, sondern eine Tatsache begründete – in den meisten Fällen. Nur besonders problematische Naturen zweifelten an Selbstverständlichkeiten wie zum Beispiel Himmel und Hölle. Und heute gibt es eben keine Selbstverständlichkeiten mehr. Wir haben Himmel und Hölle auf die Erde geholt, und natürlich – der Menschennatur entsprechend – viel eher die Hölle als den Himmel.

KINDER

Ich liebe kleine Kinder, und gleichzeitig gehen sie mir, ehrlich gesagt, auf die Nerven. Oder dann vielleicht doch weniger die Kinder als ihre Eltern. Eltern sind heute so blind. Sie behandeln ihre Kinder wie ihre Hunde oder wie ihre Geliebten. Natürlich nicht alle, aber vor allem die aufgeklärten, «links-grünen» Eltern – die Mütter! – von Zürich, die die Tatsache ihrer Elternschaft mit einer unnachahmlichen Arroganz als Verdienst zelebrieren. Die Väter sind auch mit dabei, spielen aber eine eher sekundäre, gewissermassen verschämte Rolle. Wir sind Eltern, uns gehört die Welt! Unsere Nachkommenschaft ist das Ei des Kolumbus! Wir haben geworfen, also betet uns an! Wir haben einen Einstein, eine Lady Gaga gezeugt! Wieso die Weitergabe von Genen gerade bei Linken und Grünen mit solcher Inbrunst zelebriert wird, wird mir ewig ein Rätsel bleiben – Kapitalismus im Reich der Biologie scheint bei ihnen offenbar völlig okay zu sein. Wenigstens mein Kind ist mein Eigentum! Ach ja, ich sollte noch sagen, warum ich kleine Kinder liebe. Man kann sehr gut mit ihnen kommunizieren, weitaus besser als mit ihren Eltern (mit Eltern, gerade jungen, kann man meist gar nicht kommunizieren). Allerdings sehen es die Eltern, zumindest in unseren neurotischen Breitengraden, gar nicht gern, wenn man mit ihren Sprösslingen auf unmittelbare Weise kommuniziert, gewissermassen mit ihnen flirtet – die denken dann gleich, man sei ein pädophiler Triebtäter oder so was.

Deshalb das Lächeln der Kinder und die missbilligenden Blicke der Eltern.

LIEBE

Liebe, sagt man, macht blind. Blind in welcher Hinsicht? Macht sie uns blind für die «Realitäten des Lebens»? Macht sie uns blind für die negativen Seiten des oder der von uns Geliebten? Weil die Liebe alles verzeiht und alles versteht?

In der griechischen Philosophie wird zwischen verschiedenen Formen der Liebe unterschieden: Eros, die sexuelle Liebe, zum Beispiel von Agape, der viel unpersönlicheren Nächstenliebe. Und dann gibts auch noch die Mutterliebe, die Freundesliebe, die Liebe zum Vaterland, für die manche Menschen sogar ihr Leben lassen, und dann, nicht zuletzt, die Liebe zum Geld oder die Liebe zur Macht.

Was ist das Verbindende all dieser «Lieben»? (Interessanterweise gibt es im Deutschen – und wahrscheinlich auch in anderen Sprachen – keinen Plural von «Liebe».) Gibt es dieses Verbindende überhaupt? Kann sich Liebe manchmal zu blosser Gier reduzieren?

Jesus sagt, der Mensch solle seinen Nächsten lieben wie sich selbst. Was heisst das? Dass man einen anderen Menschen nur in dem Mass lieben kann, in dem man auch imstande ist, sich selbst zu lieben – d.h. anzunehmen, zu akzeptieren, zu achten, zu mögen und als eigenständige Person wahrzunehmen? Oder dass man sich selbst nur dann lieben kann, wenn man auch andere zu lieben fähig ist, d.h. anzunehmen, zu akzeptieren, zu achten, zu mögen und als eigenständige Person wahrzunehmen? Oder bedeutet es gar, dass die Liebesfähigkeit etwas ist, das über das Persönliche hinausgeht, etwas, dass uns befähigt, wahrzunehmen, dass wir alle Teil eines Ganzen sind? Ist das gemeint, wenn gesagt wird, Gott sei die Liebe oder die Liebe sei Gott?

THEORIE UND PRAXIS

Der Kommunismus als Theorie hat seine bestechenden Seiten – die Idee einer egalitären Gesellschaft, in der es keinen Besitz mehr gibt oder vielmehr alles allen gehört, übt auch heute noch auf viele ihren Reiz aus. Nur leider funktioniert das im real existierenden Sozialismus nicht: Über die «Diktatur des Proletariats» kommen wir zur Diktatur eines Parteiapparats und letztlich wieder zu Ungleichheit und auch zu einer extremen Unfreiheit, weil das autonome und autonom denkende Individuum in diesem Zusammenhang als Bedrohung des Kollektivs gesehen wird und vielleicht gesehen werden muss – man denke an die Verhältnisse in der ehemaligen DDR und der ehemaligen Sowjetunion, aber auch im kommunistischen Kuba oder – in extremis – im Kambodscha Pol Pots, wo eine ganze Generation von sogenannten Intellektuellen – die gesamte gebildete Bevölkerung – ausgelöscht wurde. Ähnliches gilt übrigens auch für noch existierende Beispiele wie Nordkorea, Eritrea und seltsamerweise in ganz anderen Zusammenhängen für islamistische Bewegungen wie Boko Haram – etwas frei übersetzt: Bücher sind des Teufels.

Doch auch der Liberalismus, der sich wirtschaftlich im Kapitalismus manifestiert, ist eine schöne Theorie. Als Antipode des Sozialismus setzt er ganz auf die Freiheit des Individuums. Es soll sich schrankenlos verwirklichen können: Jeder ist seines eigenen Glückes Schmied, und wer es selbst nicht schafft, ist auch selber schuld. Die unsichtbare Hand des Markts wendet alles zum Guten. Wenn es den Reichen gutgeht, geht es auch den Armen besser. Nur leider funktioniert auch der «real existierende Kapitalismus» überhaupt nicht. Die schrankenlose Entmachtung des Staates als eines kollektiven Regulativs, das Thatcher und Reagan in den Achtzigerjahren des letzten Jahrhunderts propagierten, führten nicht zu mehr Freiheit für das Individuum, sondern, ganz im Gegenteil, zu einem neuen Sklaventum, man schaue sich nur die Arbeitswelt von heute an. Die grenzenlose Wachstumsstrategie, auf der der Kapitalismus aufbaut, erzeugt eine gnadenlose Ausbeutung von Ressourcen, Umwelt und Menschenmaterial – jeder im Hamsterrad gefangen, egal, ob unten oder oben, wobei oben nach unten trampelnd und von unten nach oben buckelnd, schwankend zwischen Burnout und Depression, dabei wird die Kluft zwischen Armen und Reichen immer grösser – wahrlich eine schöne neue Welt. Wie wir heute sehen, führt der schrankenlose Kapitalismus zu Chaos, sozialer Unruhe, Faschismus und schliesslich zu Krieg, weil sich am Krieg immer noch am besten verdienen lässt.

HUMOR

Der schönste Humor ist der, der spontan entsteht. Man nennt dieses Phänomen auch «Situationskomik». Massimo Rocchi, schweizerisch-italienischer Humorist, wie ich ihn nennen möchte, hat das in einem Interview mal sehr schön erklärt. Humor könne man eigentlich nicht «machen», meint er, sondern er entstehe einfach. Er erklärte das an einem Beispiel aus seiner Zeit als Komiker in der Manege des Zirkus Knie. In einer Kamelnummer hätten die Trampeltiere einfach keine Lust auf Performance gehabt. Gelangweilt und mit kauendem Mund habe ihn ein Kamel beobachtet, während er, Rocchi, seinerseits das gelangweilte Tier beobachtet habe. Dies empfand Rocchi als Gipfel der Situationskomik, als eine Szene, die ihn unwiderstehlich und aus dem tiefstem Bauch heraus zum Lachen gebracht habe. Der Humor, der aus einer solchen, gewissermassen anarchistischen Ursprünglichkeit heraus geboren wird, ist wirklich eine Gnade Gottes, ein absolut wirksamer Trostmoment in unserer doch manchmal trostlosen Welt. Kinder haben diese Gabe, Tiere eben auch, und Menschen jeden Alters, die zu dieser Authentizität fähig sind. Interessanterweise zeigte sich dieses Phänomen in einer seltenen «Stunde der Wahrheit» auf einem Gebiet, auf dem man es zuletzt erwarten würde: der Politik. Besondere Aufmerksamkeit erfuhr der damalige Finanzminister Hans Rudolf Merz durch eine Rede im Nationalrat am

20. September 2010 wenige Wochen vor seinem Amtsende, bei der er einen Lachanfall bekam. Konkret ging es um eine Stellungnahme zu einer Anfrage aus dem Nationalrat. Diese beinhaltete die Frage, ob eine bestimmte Ausnahmeregelung im Zolltarif klar genug formuliert sei, um Missbrauch zu verhindern. Es ging insbesondere um reduzierte Zölle für importiertes Fleisch mit Gewürzzusätzen. Die Antwort auf diese Anfrage wurde nicht von Bundesrat Merz selbst formuliert, sondern von einem Angestellten des Finanzdepartements und war in ausgeprägtem Behördendeutsch verfasst, mit langen verschachtelten Sätzen und etlichen Abkürzungen. Merz vermochte diese Antwort nicht zu verlesen, ohne immer wieder ins Glucksen und Gackern zu verfallen. Den Höhepunkt dieser unfreiwilligen humoristischen Einlage war erreicht, als der Bundesrat das Wort «Bünderfleisch» auszusprechen versuchte, was in den besagten Lachanfall führte – «Bü-bü-Bünderfleisch!» – und im Nationalratzahl für eine ungewohnte Heiterkeit sorgte. Merz machte als Bundesrat zwar nicht immer die beste Figur, aber in diesem Moment waren alle von ihm begeistert.

CRYPTOLEAKS

Üble Sache, Mallony», würde es in einer bekannten Radiokrimiserie wohl heissen. Ja, Cryptoleaks ist eine üble Sache. Man stelle sich dieses Geschäftsgebaren in irgendeiner andern Branche als im Chiffrier- und Dechiffriergeschäft vor. Etwa: Eine Pharmafirma verkauft Pillen gegen eine Krankheit, die genau diese Krankheit hervorruft – «üble Sache» wäre da wohl noch die harmloseste Bezeichnung (obwohl – genau das tun Pharmafirmen ja gelegentlich auch; man denke nur an die OxyContin-Pillen des Pharmakonzerns Purdue), man würde wohl eher von einer Gaunerei, von ausgewachsenen kriminellen Machenschaften sprechen. Die Firma verkaufte also «absolut sichere Chiffriergeräte» an Geheimdienste und Regierungen in aller Welt, versehen mit dem Gütesiegel der neutralen Schweiz. Allerdings hatten die Geräte alle ein «Hintertürchen», damit die Geheimdienste der USA und der BRD, CIA und BND, genau die Informationen «lesen» konnten, die die Geräte verschlüsseln sollten. Und es kommt noch besser: Die Firma gehörte der CIA sogar und bis vor einigen Jahren auch dem BND – natürlich ohne dass das die Öffentlichkeit, die bedienten Regierungen und sogar die meisten Mitarbeiter der Firma das wussten – zum Beispiel die Verkäufer der Geräte, die sich damit unwissentlich in Lebensgefahr begaben mit dem Risiko, als Spione gefangengenommen und gefoltert zu werden. Der schweizerische Geheimdienst, die Bundespolizei und sogar Teile der schweizerischen Regierung wussten dagegen sehr wohl von den krummen Geschäften – und sicherten sich gegen dieses Mitwissen ab, indem sie das Mitwissen nicht wissen wollten, das heisst bewusst den Kopf in den Sand steckten. Und ich frage mich ratlos, wieso ein solches Verhalten nicht unethisch sein soll, wie einige Poltiker*innen monierten.

«ICH»

Wenn ich daran denke, was mein «Ich», was meine «Persönlichkeit» ist, dann komme ich darauf, dass es sich dabei um nichts Festes, Strukturiertes handelt, sondern eher um so etwas wie ein Energiefeld, eine Art loser chemischer Struktur, die sich mit meiner Geburt gebildet hat und die sich mit meinem Tod auch wieder auflösen wird – wie Moleküle, in denen sich Atome verbunden haben. Dieses Energiefeld ist aber nichts Fixes, sondern etwas Durchlässiges, etwas, das Einflüsse aus der Umwelt aufnimmt und das die Umwelt auch wieder beeinflusst und das auch dauernd Änderungen unterworfen ist. So gesehen, ist das «Ich», ist die «Persönlichkeit» eine Illusion. Es gibt in diesem Energiefeld wohl eine gewisse Kontinuität, die es erlaubt, die Illusion einer festgefügten Persönlichkeit überhaupt aufrechtzuerhalten – was uns zu so etwas wie einer Alltagstauglichkeit verhilft. Menschen, deren Energiefeld weniger stabil ist, verlieren ihre Alltagstauglichkeit und damit die Fähigkeit, nach aussen einen kohärenten Eindruck zu vermitteln. Sie gelten dann gemeinhin als geisteskrank und müssen versorgt werden. Menschen dagegen, deren «chemische» Persönlichkeit sehr rigid, sehr starr und unbeweglich ist, neigen zu Narzissmus, zu Allmachtsfantasien und dazu, sich für unsterblich zu halten – psychopathische Machtmenschen, deren Denken sich an Machterhalt und -zuwachs orientiert, an materiellem Reichtum und am Personenkult. Natürlich werden sich auch deren Persönlichkeiten nach deren Tod auflösen, aber das hindert sie nicht daran, zu Lebzeiten jede nur erdenkliche Schrecklichkeit zu begehen, wenn es denn dem Erhalt ihrer «Persönlichkeitsillusion» dient. Andererseits werden Menschen durch Meditation, durch andere spirituelle Praktiken oder zum Beispiel durch den Konsum halluzinogener Drogen durchlässiger als der durchschnittliche Mensch, ihre «chemische Zusammensetzung» verliert an Kohärenz, zumindest zeitweilig, ohne dass sie deswegen gleich ver-rückt werden müssen. Ihre «Selbstauflösung» erscheint ihnen aber weniger schrecklich als einer rigiden Persönlichkeit, weshalb sie vielleicht auch weniger Angst vor dem Tod haben.

Unsere «Persönlichkeit» speist sich aber nicht nur vom Austausch mit der Umwelt – mit anderen Menschen, mit Tieren, mit der Natur ganz allgemein, vielleicht auch mit zusätzlichen nichtmateriellen Existenzformen, sondern auch durch Diffusion mit jenem Bereich, den C.G. Jung als «kollektives Unterbewusstes» bezeichnet hat und den wir erfahren, wenn wir träumen.

BILANZ

In meiner bisherigen Lebenszeit habe ich rund 48 Tonnen Nahrung zu mir genommen. Und ich muss gestehen, dass ich in meinem Leben jede Menge Scheisse gebaut habe: Rund 4,5 Tonnen, um nicht sonderlich genau zu sein. Darauf bin ich ganz und gar nicht stolz. Und fast 475'000 Mal habe ich (mehr oder weniger lautlos) einen fahren lassen.

Ich habe in dieser Zeit auch 39'000 Liter Flüssigkeit zu mir genommen – in Form von Wasser, Milch, Kaffee, Tee, Säften, Bier, Wein, Wodka... Eine Flüssigkeitsmenge, die einen Trailer-Tank füllt. Entsprechend gross ist die Menge an Urin, die ich ausgeschieden habe (etwa 35'000 Liter). Der Rest ist in Form von Schweiss von meinem Körper ausgeschieden worden. Und ich habe fast 150'000 Zigaretten verpafft (Schande über mich!).

Fast 20 Jahre habe ich schlafend im Bett verbracht. Etwa 5 Jahre vergingen beim Essen, etwa 1,5 Jahre glückliche Jahre genoss ich die Intimität eines Badezimmers. Ich habe fast 7000 mal ejakuliert – allein, zu zweit, zu dritt... – wer weiss?

Etwa 9 Tage lang habe ich gelacht – und rund 4000 Liter Tränenflüssigkeit vergossen.

Etwa 43 Millionen Schritte bin ich bisher gegangen (heute zum Beispiel 8628 Schritte). Und ich habe viel, viel geredet: Fast 380 Millionen Wörter sind mir über die Lippen gegangen – das meiste davon natürlich belangloses, dummes Zeug.

WÄHREND DES LOCKDOWNS

Wie fast jede Nacht verfolgen mich Coronaträume. Letzte Nacht zum Beispiel träumte ich, nach langer Zeit wieder einmal in einem Buchladen in Bern zu arbeiten (auszuhelfen? Tatsächlich habe ich von 1983 bis 1985 in einer grossen Buchhandlung in Bern eine Buchhändlerlehre absolviert). Da sich die Arbeitsbedingungen von den technischen Hilfsmitteln her total verändert haben und ich das Sortiment nicht mehr kennen, bin ich ziemlich am «Schwimmen» und muss mir bei Kolleginnen und Kollegen immer wieder Hilfe und Rat holen. Was mich wundert, ist, wie nahe einem die Kundinnen und Kunden beim Auskunftholen auf die Pelle rücken und dass auch nirgendwo Desinfektionsmittel herumstehen, um die Händehygiene einzuhalten. Ziemlich rücksichtslos, denke ich noch, wahrscheinlich ist dem Besitzer der Umsatz wichtiger als die Gesundheit von Kundschaft und Mitarbeitenden. Überhaupt, denke ich, warum hat dieser Laden denn geöffnet, sind doch andere Buchhandlungen geschlossen und gehören Bücher offenbar auch nicht zum täglichen Grundbedarf der Menschen. Hier werde ich bestimmt innerhalb eines einzigen Tages angesteckt, denke ich. Ich frage eine Kollegin, ob denn hier überhaupt nichts vorgekehrt werde gegen die Seuche. Die Kollegin schaut mich nur verwundert an – von Corona will sie noch nie etwas gehört haben. Verblüfft frage ich sie nach dem heutigen

Datum. Sie antwortet, heute sei der 12. Dezember 2019, wir steckten also mitten im Weihnachtsgeschäft; deshalb sei der Laden so voll und ja auch wohl ich deshalb als (ziemlich inkompetente) Aushilfe eingestellt worden. Aber, stammle ich, heute sei doch der 4. April 2020, da sei ich ganz sicher, ich sei doch nicht verrückt. Ich solle mal einen Blick auf die Strasse werfen, rät mir da die Kollegin. Tatsächlich, auf der Strasse sind Schneereste zu sehen und gefrorene Wasserpfützen, was tatsächlich eher zum Dezember passt als zum April, zudem fallen mir auch einige weihnachtlich geschmückten Schaufenster ins Auge. Ich muss dir etwas sagen, flüstere ich ihr da zu, in etwa drei Monaten wird das hier ganz anders aussehen. Der Laden wird geschlossen sein, du wirst Zwangsferien haben. Das Alltags- und Wirtschaftsleben werden auf Sparflamme laufen, wir werden mehrheitlich zu Hause sitzen und so oft die Hände mit Seife waschen und mit Alkohol desinfizieren, dass sie rot und rissig sein werden. Was mich jetzt aber vor allem interessiere, sei, wie ich wieder in «meine Zeit» zurückkommen könne und ob das überhaupt wünschenswert wäre. Immerhin könne ich ja so mehr als drei Monate zusätzliche Lebenszeit gewinnen. Aber andererseits sei es ja möglich, dass ich, wenn ich jetzt nach Hause führe, dort womöglich mein älteres, d.h. vielmehr jüngeres Ich antreffen würde, was eine verdammt komische Erfahrung wäre.

DAS SCHLÄGT DEM FASS DIE KRONE INS GESICHT

Guten Tag! Mein Name ist Damus, Nostra Damus. Glauben Sie an Verschwörungstheroien? Nicht? Wirklich? Na, vielleicht ein bisschen, geben Sie's zu. Ein klitzekleines bisschen glauben Sie doch sicher an Verschwörungstheorien, so, wie Sie auch ein klitzekleines bisschen an Horoskope glauben. Oder an Geister. Oder an Gott. Na, also! Und auch die Tatsache. die besagt, dass die Menschheit auf der Innenseite einer hohlen Erde mit dem Durchmesser von 12.740 km lebt, lässt sich nicht so einfach widerlegen, wie manche vorgeben. Da klaub ich mir nämlich den ollen Kant hervor. Das Ding an sich! Das es nicht gibt! Oder das wir vielmehr nicht erkennen können! Da sag ich nur: die Welt an sich! Die Hohlwelt an sich! Ist da, nur lässt sie sich nicht erkennen!

Soviel Ehrlichkeit muss sein. Also ich, Nostra, gebe es unumwunden zu: Ja, ich glaube an Verschwörungstheorien! Natürlich nicht an so olle Kamellen wie das Ding mit dem Mond, wen interessiert das schon, ob die Amis jetzt da oben waren oder nicht, ist mir doch scheissegal. Was spielt das denn heute noch für eine Rolle? Oder das Ding mit den Türmen in New York, in die diese Jets gerast sind, ist doch Schnee von gestern! Ne, es interessiert mich wirklich nicht, ob das die Amis selbst waren oder der olle Osama bin Laden oder irgendsoein Hollywood-Regisseur. Wobei, Osama bin Laden selbst war natürlich auch nicht Osama bin Laden und ist überdies noch am Leben. Er hat sich einfach den Bart abrasiert und einen schicken Anzug angezogen, dann noch eine Rolex ans Handgelenk und fertig war der Gentleman. Oder meinen Sie, jemand würde Hitler ohne sein Oberlippenbärtchen und die komische Frisur auf der Strasse erkennen? Nein, Hitler spazierte doch damals mit einem Kahlkopf und ohne das Bärtchen, gekleidet in Krachlederne, Hirtenhemd, Tirolerhut mit Gamsfeder frischfröhlich aus dem Führerbunker, ohne dass ihn jemand erkannt hätte. Aber eben, Schnee von gestern; inzwischen ist er längst eines natürlichen Todes gestorben, wie übrigens auch Elvis Presley, Jim Morrison, Janis Joplin, Jimmy Hendrix und Michael Jackson. Ach ja, all diese Untoten, diese lebenden Toten!

A propos Hitler. Wussten Sie es schon? Angela Merkel war seine Tochter! Kein Witz! Sie wurde mit dem tiefgefrorenen Sperma des Führers gezeugt. Gut, man kann mir sagen, das sei jetzt auch nicht gerade eine Neuigkeit von aufregender Brisanz. Gegessen! Zugegeben! Aber dass Greta Thunberg in Wirklichkeit eine Ausserirdische ist, ausgesandt, die Menschheit vor sich selbst zu retten (wobei auch dahinter mit Sicherheit eine böse Absicht steckt), das wussten sie sicher noch nicht! Oder auch, dass Donald Trump kein Mann, sondern ursprünglich eine Frau war, die sich, um ihrem überambitionierten Vater zu gefallen, umoperieren liess, war Ihnen bisher sicher auch noch nicht bekannt, während die Herrscher von Russland, der Türkei, Ungarns und Polens erste Feldversuche mit KI darstellen – Feldversuche, die sich bisher wenig bewährt haben, wie man zugeben muss. Und dann erst Kim Jong-un! Der wuchs ja bekanntlich in der Schweiz auf. Haben Sie schon einmal genau hingeschaut auf Bilder des Diktators? Ist Ihnen dabei nicht auch eine unheimliche Ähnlichkeit mit dem Schweizer Schriftsteller Friedrich Dürrenmatt aufgefallen? Dürrenmatt war ja auch ein bisschen unheimlich, aber harmlos, da Schriftsteller. Stellen Sie sich nun aber Dürrenmatt vor in Nordkorea, ausgestattet mit absoluter Macht, aber mit dem selben dunkelschwarzen Humor. Na, machts klick? Nicht?

Dann wenden wir uns nun auch noch dem letzten Schrei zu: dem Corona-Virus. Dieses soll ja dabei sein, die Menschheit auszurotten, wie die Prepperszene vermutet. Corona ist eine Biermarke und in Schlieren gibt es die Pizzeria Corona, deren Personal sich in den letzten Tagen wohl einige blöde Witze hat anhören müssen. Neuerdings gibt es den Corona-Rassismus, ein Wort, das Chancen hat, als Wort des Jahres in die Annalen der Geschichte einzugehen. «Hey, Corona-Boy», soll ein Einheimischer einem asiatisch aussehenden Touristen nachgerufen haben, berichtet das Blatt *20Minuten*, das wir als besonders zuverlässige Quelle schätzen. Es gibt übrigens auch ein Igluzelt der Migros, das den Namen Corona trägt. Natürlich ist der Name Corona allgegenwärtig, weil er zu deutsch «Krone» bedeutet, ein Wort, das vor allem zur Bezeichnung von Restaurants der etwas feineren Art in der Deutschschweiz verwendet wurde und wird. Können Sie zwei und zwei zusammenrechnen? Dann haben wir uns verstanden.

BEGEGNUNGEN, ALLTÄGLICHE

Es war ein schwieriger Tag heute. Die erste Frage: Schaff ich es rechtzeitig zu meinen Terminen? Es liegt Schnee auf den Strassen, es schneit heftig, und das verheisst schon mal wenig Gutes. Aber der Bus kommt fast pünktlich – ich schaff es problemlos, meine ersten Deutschlektionen in Luzern abzuhalten. Auch die Rückfahrt verläuft ohne Schwierigkeiten. Meine ersten vier Stunden verlaufen ganz gut. Um 16 Uhr habe ich meine fünfte Lektion des Tages – im *25Hours-Hotel* im Langstrassenquartier. Ich muss wieder einmal improvisieren – das versprochene Lehrbuch für die Deutschlektion für die Hotelangestellten aus aller Welt ist nicht rechtzeitig bei mir eingetroffen, ich kenne den Unterrichtsort nicht und weiss nicht, was mich erwartet. Aber es verläuft alles ganz gut – im Internet gibt es eine Probelektion aus dem Lehrmittel zum Thema «Zeit und Termine», das passt doch recht gut. Die Leute aus Ungarn, Spanien, Italien, Somalia, der Dominikanischen Republik und Portugal, die den Kurs besuchen, sind sehr nett und interessiert – da stören die paar technischen Probleme, die ich habe, wenig. Und schon bin ich wieder auf dem Bus nach Oerlikon, wo ich meine sechste bis neunte Lektion dieses Tages abhalte (mit Menschen aus Griechenland, Finnland, Spanien, Rumänien, der Ukraine, Mazedonien, der Slowakei, Südafrika, Brasilien und Frankreich). Allmählich bin ich etwas müde, aber die Menschen, die ich treffe, feuern mich an, geben mir neue Energie. Doch jetzt, im 61-er-Bus, bin ich restlos erledigt, ziemlich kaputt. Als ich mich im Bus setzen will, faucht mich eine Frau an: Nein, hier ist besetzt, ich warte auf meine Kollegen! Völlig verdattert setze ich mich auf einen anderen Platz. Dann kommt ein ausländisch aussehender Mann und setzt sich ebenfalls auf den «besetzten» Platz, und nun flippt die Frau vollends aus: Sie beschimpft den Mann auf das Übelste und unterstellt ihm alle nur möglichen Verbrechen, die extremistische Muslime je begangen haben. Sie wirkt äusserst gefährlich und gewaltbereit. Der kleine braune Mann duckt sich weg, die meisten Menschen im Bus erstarren vor Angst, auf manchen Gesichtern ist echte Panik auszumachen. Doch weil niemand auf die Provokationen der Verrückten eingeht, beruhigt sich diese und verzieht sich schliesslich in den hinteren Teil des Busses. Nun, die Fahrt dauert ja nicht so lange, aber in deren Verlauf setzt sich eine junge Chinesin zu mir, die offenbar Schutz bei mir sucht, währenddem der angegriffene braune friedliche Mann, der als muslimischer Terrorist beschimpft wurde, erklärt, es sei am Besten, sich ganz ruhig zu verhalten, als er von einer älteren Schweizer Frau getröstet wird. Ich tröste inzwischen die junge Chinesin, die eigentlich in Berlin studiert und ganz gut Deutsch spricht. Dann steige ich an «meiner» Station Aspholz aus – und wer hetzt da atemlos auf mich zu? Die Verrückte! Die verhält sich aber jetzt ganz normal. «Sie haben mich irritiert», sagt sie ruhig zu mir, «aber ist denn das nicht der Weg zur psychiatrischen Klinik Burghölzli?» – «Nein», sage ich, «das ist genau in der anderen Richtung.» (Nicht, das es mir sehr wohl wäre bei dieser Konversation.) «Ja, soll ich da jetzt zu Fuss hingehen?», fragt sie mich. «Nein, das müssen Sie nicht», beschwichtige ich, «hier fährt doch der Bus zurück in die Stadt.» Was sie denn auch fraglos akzeptiert.

DIE TRAUMWELT UND DIE WACHWELT

Als ich heute Nacht auf dem Klo sass, musste ich plötzlich auflachen angesichts meiner Erinnerung an den Traum, den ich soeben geträumt hatte und den ich immer noch halb träumte, so absurd kam er mir vor, zu einem Chrüsimüsi durcheinander gemixt hat mein Traumhirn alles in der halb lustigen, halb bedrohlichen Traumgeschichte, deren Teil ich war – was hatte mein Verleger Christoph Amann, der endlich aufgetaucht und so von meinen Texten überzeugt war, dass er mir vollmundig versprach, sie gross herauszubringen, der aber in Wirklichkeit eher eine Mischung aus Mafiaboss und Grossmaul war, mit dem «Dupf», einer einschlägigen Bar in Basel, zu tun, deren Wände er neu gestrichen hatte, was mich zur Überlegung führte, dass der Boss doch noch eine andere Seite habe, nämlich eine weichere, usw.… Ich könnte den Faden meines Traumhirns endlos weiterspinnen.

Aber dann kam mir plötzlich in den Sinn, dass die «Wirklichkeit», wie sie mein Wachhirn ersann oder wahrnahm, nicht weniger absurd war. Ich stellte mir den Christian Urech des Jahres 1975 vor, für den der Christian Urech des Jahres 2017 tatsächlich in einem Science-Fiction-Film gelandet war, in dem es selbstfahrende Autos gab, das Internet, Menschen, die pausenlos auf ein kleines rechteckiges Ding starrten, als wäre es der Gegenstand einer religiösen Verehrung, und einen amerikanischen Präsidenten, der aus einem Comic zu stammen schien oder aus einer Neflix-Serie und pausenlos irgendwelchen wirren Unsinn in die Welt hinauszwitscherte, einer Welt, in der die Bomben explodierten, Menschen des Hungers starben oder heimatlos durch die Welt irrten... So bizarre!

TATSACHEN UND MEINUNGEN

Ein grosses Problem im politischen Diskurs ist die Vermengung und Verwechslung von Tatsachen und Meinungen. Tatsachen werden als Meinungen ausgegeben und Meinungen als Tatsachen. Das ist auch das Mittel der Wahl jeglicher Propaganda, um «das Volk» zu verwirren und zu verdummen. Der Wahrheitsbegriff verliert so jegliche Relevanz.

Stellen Sie sich in diesem Zusammenhang folgende Fragen:

✳ Von welchen Quellen erwarten Sie, Tatsachen zu erfahren, von welchen Meinungen?

✳ Sind von der Wissenschaft eher Tatsachen oder Meinungen zu erwarten?

✳ Sind Politiker*innen generell eine glaubwürdige Quelle für Tatsachen?

✳ Welche Quelle ist glaubwürdiger, eine, die behauptet, die absolute Wahrheit zu kennen, oder eine, die zugibt, sich auch irren zu können?

✳ Was unterscheidet eine Behauptung von einer Tatsache?

✳ Was unterscheidet eine Behauptung von einer Meinung?

✳ Warum ist eine transparente Quelle glaubwürdiger als eine intransparente?

✳ Was unterscheidet eine Tatsache von einer Verschwörungstheorie?

✳ Warum sind Verschwörungstheorien oft viel attraktiver als nüchterne Tatsachen?

✳ Inwiefern unterscheidet sich eine falsche Meinung von einer Lüge?

UNSTERBLICHKEIT

Das Ego als Turm, der in die Ewigkeit ragt, interessiert mich nicht. Was mich an der Sterblichkeit stört, ist meine Neugierde: Ich möchte wissen, wie es weitergeht. Da bin ich gleichsam der Serienjunkie der Weltgeschichte. Die Zukunft kann doch nicht, verdammt noch mal, ohne mich stattfinden!

CHRONOS

Die Zeit hat das Jahresrad um ein Jahr vorwärts gedreht – was mich gedanklich zu Chronos treibt, dem Gott der Zeit, wunderbar dargestellt im Chindlifresserbrunnen im Bern. Denn die Zeit, nicht wahr, frisst ihre Kinder – zum Beispiel das Kind, das ich einmal war und das noch immer in mir hockt wie die innerste Schicht der Zwiebel, wenn man denn bei den Zwiebeln von Schichten sprechen kann. Chronos war, der griechischen Mythologie zufolge, der Sohn von Uranos und Gaia, von Himmel und Erde. Solange die beiden als ideales Paar vereint waren, lief alles wunderbar, und der engen Verbindung entsprossen die wunderbaren Titanen. Aber dann schob sich der Horizont zwischen Himmel und Erde, worauf der erste Sonnenuntergang – und auch der erste Sonnenaufgang – geschaffen wurde. Aber damit war es mit dem himmlischen Frieden auf Erden vorbei. Die Kinder von Gaia wurden zu hundertarmigen Monstern, was Vater Uranos nicht dulden konnte, worauf er sie mit seinem aggressiven Schwanz permanent in den Mutterleib der Gaia zurückstiess. Was für eine Qual für Gaia! Irgendwann mal war der guten Frau das Machogehabe ihres plötzlich sadistischen Gatten derart zuwider, dass sie Chronos beauftragte, dem bösen Treiben ein Ende zu setzen. Ein liebender Sohn kann seiner Mutter eine solche Bitte wohl kaum abschlagen. Also schnitt Chronos dem Uranus den Schwanz ab und warf ihn ins Meer. Woraus die Göttin Aphrodite, die

Schaumgeborene, entstand. Was ein etwas zwielichtiges Licht auf das, was wir heute Liebe nennen, wirft.

(Chronos wurde zum Herrscher der Welt und Begründer des Goldenen Zeitalters. Nach der Darstellung Hesiods wurde Chronos von seiner Schwester Rhea zum Gatten genommen. Aus Angst, selbst entmachtet zu werden, frass er jedoch alle Kinder, die aus dieser Verbindung entstanden: Hestia, Demeter, Hera, Hades und Poseidon, die Kroniden. Den jüngsten Sohn jedoch, Zeus, versteckte Rhea auf Anraten von Gaia und Uranos in der Höhle von Psychro im Dikti-Gebirge auf Kreta, während sie dem Chronos einen in eine Windel gewickelten Stein überreichte, den dieser verschlang, ohne den Betrug zu bemerken. So konnte Zeus ungestört heranwachsen. Später gelang es Zeus, seinen Vater mit List und Gewalt zu überwinden, worauf Chronos erst den Stein und dann seine verschlungenen Kinder ausspuckte. Den Stein stellte Zeus an der Kultstätte Pytho in Delphi auf, damit er dort von den Sterblichen bestaunt werde.)

Allerdings wurde damit die Macht der Zeit nicht gebrochen, sondern eher noch verstärkt. Und wir wissen noch immer nicht, was «die Zeit» eigentlich ist.

VERGEBLICHES VERLANGEN

T antalos war ein mächtiger und unermesslich reicher lydischer oder phrygischer König. *Er wurde an die Tafel der Götter zum Essen geladen, stahl jedoch Nektar und Ambrosia von ihnen, was seine Gastgeber erzürnte. Zusätzlich verbarg der Sterbliche einen goldenen Hund in seinem Haus, den er aus einem Zeustempel gestohlen hatte. Als die unsterblichen Götter zu einem Gastmahl des Königs Tantalos kamen, versuchte er, ihre Allwissenheit auf die Probe zu stellen: Er tötete Pelops, seinen jüngsten Sohn, und liess ihn den Göttern als Mahl servieren, jedoch so, dass sie seine Tat nicht erkennen sollten. Zwar verzehrte Demeter, verzweifelt über den Raub der Persephone, einen Teil der Schulter, doch die anderen Götter bemerkten die Gräueltat sofort. Sie warfen die Stücke des getöteten Pelops in einen Kessel, und die Moire Klotho zog ihn in bekannter Schönheit hervor. Der verzehrte Schulterknochen wurde von den Göttern durch einen aus Elfenbein ersetzt.*

Die Götter verstiessen Tantalos in den Tartaros und peinigten ihn dort mit ewigen Qualen, den sprichwörtlich gewordenen «Tantalosqualen». Homer schildert dies in der Odyssee wie folgt:

«Mitten im Teiche stand er,
das Kinn von der Welle bespület,
Lechzte hinab vor Durst,

87

und konnte zum Trinken nicht kommen.
Denn so oft sich der Greis bückte, die Zunge zu kühlen,
Schwand das versiegende Wasser hinweg,
und rings um die Füsse
Zeigte sich schwarzer Sand,
getrocknet vom feindlichen Dämon.
Fruchtbare Bäume neigten um seine Scheitel die Zweige,
Voll balsamischer Birnen, Granaten und grüner Oliven,
Oder voll süsser Feigen und rötlichgesprenkelter Äpfel.
Aber sobald sich der Greis aufreckte,
die Früchte zu pflücken,
Wirbelte plötzlich der Sturm sie empor
zu den schattigen Wolken.»

Soweit die griechische Mythologie in einer Kürzestzusammenfassung. Wir alle sind Tantalos insofern, als die Früchte, die wir ersehnen, auch für uns (fast) immer zu hoch hängen, ausser in jenen perfekten Momenten, die uns nur sehr selten geschenkt werden: in einem beglückenden Liebesmoment, im Rausch der totalen Erfüllung unseres sinnlichen Verlangens, allein in einer duftenden Wiese am ersten richtig warmen Frühlingstag des Jahres, auf einem Felsen liegend, mitten in der Sahara, und in den unermesslichen und Unendlichkeit vermittelnden Novembersternenhimmel schauend mit seinen Abermilliarden funkelnder Sterne, am nächtlichen Strand in einer fröhlichen Tafelrunde vereint, mit dem köstlichen Geruch von gegrilltem Fisch in der Nase, umschmeichelt von einer zugleich warmen und erfrischenden samtenen Brise und schon etwas angeheitert von den ersten Cocktails des Abends... Da hat wohl jeder Tantalos und jede Tantala (man verzeihe mir diese weibliche, der Gendergerechtigkeit geschuldete Verballhornung) seine/ihre eigenen Erinnerungen. Doch wie gesagt, solche Momente sind rar und sehr vergänglich, meistens bleiben unsere Erlebnisse hinter unseren Erwartungen weit zurück und hinterlassen in uns ein schales Gefühl der Enttäuschung. Die alltägliche Liebe wird mit tausenden kleineren und grösseren Kompromissen verdient, Sex ist, unterminiert durch Versagensängste, uneingestandene und ungestandene Wünsche und Fantasien oder schlicht durch das zunehmende Alter oder zunehmende Müdigkeit, mit der wir uns durchs Leben schleppen, unser Gemeinschaftsgefühl unterwandert durch Kommunikationsprobleme, Missverständnisse und unerfüllte Ansprüche, die Witze der anderen sind nicht lustig und die eigenen auch nicht, die Reisen, die wir unternehmen, sind oft eher anstrengend als belebend und inspirierend, das Wetter spielt uns einen Streich und unsere Gesundheit macht einen Strich durch unsere Rechnung – kurz, die Früchte hängen uns meistens zu hoch und das Wasser weicht vor unseren trockenspröden Lippen zurück und was bleibt, ist unbefriedigbarer Durst. Davon spricht nicht nur unsere Erfahrung, sondern auch fast immer die Literatur – oder die Kunst überhaupt.

Ich glaube, dass aus diesem unbefriedigbaren Durst heraus die Religion geboren wurde, unser Bedürfnis nach dem Absoluten. Wenn schon nicht im Erleben, so erhoffen wir uns im Metaphysischen eine Aufhebung des Kreislaufs aus Erwartung und Enttäuschung. Die Suche nach dem Absoluten ist eine Sucht. Der Süchtige sucht ja auch immer, getrieben durch den Wiederholungszwang, der sich in sein Hirn eingegraben hat, nach der ultimativen Sättigung

seines Hungers und seines Dursts, wenn auch vergeblich –
aber nicht ganz so vergeblich, dass er es nicht stets von
Neuem versuchen würde. Auch der Hunger und der Durst
nach Gott ist letztlich nichts anderes als die Suche nach
der Erlösung von den Qualen des Tantalus. Was tat und tut
der Mensch nicht alles dafür: Er geisselt sich, er lebt nackt
und ohne Nahrung in der Wüste, verbrennt Hexen und
zieht in heilige Kriege und jagt sich und andere, Spreng-
stoffgürtel vor den Bauch geschnallt, in die Luft. Selbst in
den allerschwärzesten Taten, den allerbösesten Bosheiten
ist noch jener Hunger, ist noch jener Durst nach dem Absoluten erkennbar, jene Sehnsucht nach Erlösung von den
Qualen des Tantalus.

Solche Qualen kann ich bei unseren Mitlebewesen nicht
erkennen. Nur der Mensch scheint zu ihnen fähig, zu ihnen
verdammt zu sein – dank unseres Vorstellungsvermögens,
das uns einerseits Macht, anderseits Ohnmacht verliehen
hat und verleiht.

DER SINN DES LEBENS

Was ist der Sinn des Lebens? Die philosophische Frage par excellence. Ich habe mir diese Frage mein ganzes Leben lang gestellt. Und sie immer wieder ein bisschen anders beantwortet. Aber eins war mir immer klar: Der Sinn des Lebens besteht darin, zu lernen. Wobei ich mit Lernen nicht meine, kiloweise Bücher zu lesen oder gescheite Theorien zu bunkern (obwohl ich, zumindest was die Bücher betrifft, nicht wahnsinnig zurückhaltend war. Aber ich habe, seit ich nicht mehr Schüler oder Student bin, immer aus Interesse gelesen und mit der Gewissheit, dass ich Fakten und Theorien samt Titel und Autor*innen sowieso bald vergessen haben werde). Man könnte auch sagen: Der Sinn des Lebens ist die Neugierde, der Wissensdurst, der mir hoffentlich bis zu meinem Tod nicht abhanden kommen wird. Er darf mir nicht abhanden kommen! Schliesslich kommt der Höhepunkt zuletzt – ich bin auch (oder: vor allem) neugierig auf meinen Tod (natürlich habe ich auch ein bisschen Angst – aber die Lebenserfahrung hat mich gelehrt, dass Angst zu jeder neuen Erfahrung dazugehört). Ich bin überzeugt davon, dass das Erleben des Todes – wie dasjenige der Geburt – zu den Schlüsselerfahrungen des Lebens gehört.

Was ist der Sinn des Lebens? Die Öffnung des kleinen Selbst für die unendliche Grösse der Welt, die Öffnung des Menschen für das Andere, das uns umgibt. Es ist bestimmt nicht der Sinn des Lebens, uns einzukapseln, einzuigeln. Es ist für mich definitiv der Sinn des Lebens zu erkennen, dass man bekommt, indem man gibt. Angst ist zwar ein guter lebenspraktischer Ratgeber, aber wenig nützlich, wenn es darum geht, zu erkennen, was der Sinn des Lebens ist. Der Sinn des Lebens ist Offenheit – meine Offenheit für die Schönheit und den Schrecken der Welt und ihrer Lebewesen.

DAS GLÜCKLICHE LEBEN

I Ich habe neulich im Fernsehen eine Sendung zum Thema «Das gute Leben» gesehen. Es wurde allerhand diskutiert: Ob Geld glücklich mache, ob es etwas nütze, einem einzelnen Penner Gutes zu tun, inwiefern die Glücksfrage eine Art Luxusproblem von uns privilegierten Westlern sei. Dabei ist es doch ganz einfach. Ich bin zwar gewiss kein frommer Mensch und schon gar kein frommer Christ, aber doch scheinen mir die sieben Todsünden des Christentums einen Weg zum glücklichen Leben zu weisen, nämlich, indem man die sieben Todsünden nicht unter einem moralischen, sondern einem lebenspraktischen Aspekt betrachtet. Nicht glücklich machen den Menschen zum Beispiel die Superbia, der Hochmut, der Stolz, die Eitelkeit. Ein hochmütiger Mensch ist mit Sicherheit ein einsamer Mensch, weil niemand den Stolz und die Hochmut eines anderen Menschen goutiert. Noch verheerender auf ein geglücktes Sozialleben wirkt sich die Avaritia, der Geiz oder die Habgier, aus. Niemand möchte einen geizigen oder habgierigen Menschen zum Freund haben. Auch die Luxuria, die Wollust, die reine Ausschweifung, die reine Genusssucht und Begehren ist, wird einen Menschen letztlich nicht glücklich machen, weil sie ihn einem Zustand der Ohnmächtigkeit aussetzt, wie Tantalus, der nach Früchten greift, die er letztlich nie kosten kann. Die Ira, der Jähzorn, die Wut und Rachsucht, ist das schlimmste Übel überhaupt, denn sie ist nie gerecht und zerstört letztlich nicht die anderen, denen die Wut gilt, sondern den Wüterich, den Attentäter, den Mörder selbst – kann ich mir einen Mörder als glücklichen Menschen denken? Wohl eher nicht. Der von der Gula, der Völlerei (Gefrässigkeit, Masslosigkeit, Selbstsucht) Besessene, ist dagegen eher eine tragische Figur: ein Opfer, das sich nur spüren kann, indem es übertreibt. Natürlich macht auch die Invidia nicht glücklich, der Neid, die Eifersucht und Missgunst: Heute habe ich in einem Café ungefähr zwanzig Minuten lang einigen Leuten zugehört, wahrhaft tragischen Figuren, die sich mit unnachahmlicher Penetranz über die schlechten Charaktereigenschaften ihrer ausländischen Mitbewohner ausgelassen haben. Was muss das für ein Leben sein, das seine Legitimität einzig daraus bezieht, sich mittels Nationalitätenzugehörigkeit über andere zu erheben? Und letztlich die Acedia, die Faulheit, Feigheit, Ignoranz und Trägheit des Herzens: Wohl die verbreitetste Untugend, die zu einem schlechten Leben führt.

Conclusio: Was ist ein glückliches Leben? Eines, das von der Liebe lebt? Das unglückliche Leben wird jedenfalls vom Hass regiert.

RELIGION UND PHILOSOPHIE – RELIGION ODER PHILOSOPHIE?

Die Gespräche drehten sich um Religion und Philosophie. Die Frage war, ob es sich um einen unüberbrückbaren Gegensatz zwischen den beiden Sparten handle oder ob die beiden Gebiete nicht doch sehr viel miteinander zu tun hätten und sogar ineinander übergehen würden. Oesch war unbedingt dieser Meinung; schliesslich gehe es bei beidem um Sinn und Sinnfindung, um Weltdeutung, wenn nicht um Welterklärung. Koch, nicht der Kardinal, auch nicht der Gastronom, sondern der Buchhalter, hielt dagegen, dass sich Philosophie eher im Kopf abspiele, während das Terrain der Religion doch das Herz oder die Seele sei. Dass die Gedanken im Kopf angesiedelt seien, werde wohl auch er, Oesch, nicht bestreiten; und Gedanken seien nun mal der Rohstoff von philosophischen Lehrgebäuden und Theorien, während man von religiösen Gefühlen spreche. Religion sei eine Sache des Glaubens und Philosophie eine solche des Wissens. Gewiss, entgegnete Oesch und nahm noch einen Schluck Rotwein, von einem Valpolicella, der hervorragend schmeckte, aber es gebe doch auch die philosophische Spekulation, und wo denn überhaupt das Herz und die Seele lokalisierbar seien beim Menschen, im Bauch etwa, wie manche Asiaten behaupten, oder nicht doch eher auch im Kopf, als Resultat des Zusammenspiels von chemischen Prozessen, wie die Wissenschaft es proklamiere? Man müsse, mischte sich da Erwin Affentranger ein, der pensionierte Fernsehmensch, der jetzt als sachkundiger Reiseleiter für interreligiöse Trips tätig war, zwischen Religion als Theologie und Religion als Spiritualität unterscheiden. Religion als theologisches Lehrgebäude sei insofern mit der Philosophie verwandt, als es sich bei beiden um eine primär intellektbasierte Beschäftigung mit den letzten Dingen handle, wobei die Theologie eher auf Offenbarungen, also auf externen Quellen, basiere, und die Philosophie sich eher nach der Decke der Logik, mithin einer sozusagen internen Quelle, strecke. Wenn man jedoch Religion eher als spirituelle Sinnsuche verstehe, treffe sie sich mit der Philosophie darin, dass sich beide an Erfahrungen messen würden, wenn auch unterschiedlicher Art.

Oesch sagte: «Der Ausdruck ‹Shit happens› – ist das eher eine religiöse oder eher eine philosophische Aussage?» Koch lachte: «Da man ‹ach du heilige Scheisse› sagt, wohl eher eine religiöse. Der Atheist als eine Unterart des Religiösen würde behaupten: Scheisse gibt es nicht! Der Protestant hingegen: Es gäbe keine Scheisse, würde ich härter arbeiten. Leichter macht es sich der Katholik: Gibt es Scheisse, so habe ich sie verdient. Der Jude hingegen würde nicht ohne Grund ausrufen: Warum geschieht die Scheisse immer uns? Und der Moslem sich in alles schicken: Scheisse gibt es, weil es Allah gibt und Allah gross und allmächtig ist.» – «Das ist tatsächlich alles nicht philosophisch gedacht. Der Philosoph würde erstens fragen: Gibt es die Scheisse überhaupt? Und wenn ja, wie ist sie zusammengesetzt, wo kommt sie her? Und wenn ja, warum?» Affentranger wandte ein, man dürfe den Osten nicht vergessen: «Der Hinduist: Scheisse gebiert Scheisse, das ist nun mal Karma. Der Taoist, eher gelassen als fatalistisch: Scheisse ist stärker als das stabilste Klosett. Während der Buddhist beinahe mit dem Atheisten einig geht und ebenfalls meint, dass es Scheisse eigentlich gar nicht gibt – weil sowieso alles Illusion ist. Also kein Grund zur Aufregung, da mag noch soviel Shit happens. Und der Zenbuddhist meditiert über den Klang, der ertönt, bevor die Scheisse ins Klo plumpst, und geht ins Nirvana ein. Viele Antworten, eine so wahr wie die andere, und alle führen irgendwie letztlich zum gleichen Resultat.» – «Die praktische Vernunft, sei sie nun die eines Schweizers oder eines Amerikaners oder sogar eines modernen Chinesen, würde hingegen ganz anders an das Problem herangehen: Wir haben Scheisse – machen wir daraus Geld!» – «Das ist jetzt aber weder religiös noch philosophisch gedacht, sondern ökonomisch!»

«Um hier nun mal von der Scheisse wegzukommen», sagte Affentranger streng, «die eigentliche Nagelprobe des Religiösen ist wohl doch immer noch das Göttliche, wenn ich bitten darf. Obwohl ich natürlich weiss, dass der Buddhismus ohne Gottesbegriff auskommt. Aber der Buddhismus ist ja auch eher eine Philosophie als eine Religion.» – «Sicher ist jedenfalls, dass das Göttliche definitiv nichts in der Philosophie verloren hat. Was soll die Philosophie schon mit Gott anfangen? Seine Existenz lässt sich nicht beweisen, seine Nichtexistenz aber auch nicht», wagte Oesch einzuwerfen. «Wobei die Religion mit Gott im Grunde genommen ebenfalls in die Bredouille gerät. Was ist

Gott? Ein strenger, aber gerechter alter Über-Mann (Hautfarbe: weiss) mit wallendem Bart, der seine Geschöpfe zwar manchmal züchtigt, aber im Grunde seines göttlichen Herzens eben doch liebt, es mithin nur gut mit ihnen meint? Ein solcher Gott gehört wohl eher in einen Kinderglauben, selig und beneidenswert, wer ihn teilen mag, aber auch etwas arm im Geist. Nun behaupten zwar viele Religionen völlig zu Recht, dass man sich von Gott kein Bild machen soll, denn er sei das Absolute, absolut nicht Vorstellbare. Logisch, dass man sich einen ernst zu nehmenden Gott nicht vorzustellen vermag, sonst wäre er ja nur ein Göttlein oder allenfalls einer unter einer Vielzahl von so genannten Gottheiten, aber sicher nicht der letzte Grund. Und hier wird es etwas windig – was bringt es mir, an einen Gott zu glauben, den ich mir nicht vorstellen kann? Ich weiss, hier kommen die heiligen Bücher ins Spiel, doch die scheinen mir ein allzu offensichtlich fadenscheiniger Versuch zu sein, dieses Dilemma zu lösen. Entweder ist Gott glaubwürdig, das heisst allmächtig, dann nützt er uns nichts, weil wir uns unter dem Absoluten nichts vorstellen können, oder er ist eine Art Übermensch, aber dann ist er unvollkommen und von mündigen Menschen nicht ernst zu nehmen.» – «Um es mit einem Wort zu sagen: Da ist die Kacke mächtig am dampfen. Womit wir wieder bei der Scheisse wären. Nein, nein, Religionen scheinen mir ein nur allzu menschliches Geschäft!»

«Wenn wir Gutes tun, verändern wir die Welt; wenn wir Schlechtes tun, verändern wir sie ebenfalls. Das ist Karma. Nicht im Sinn einer individuellen Vergeltung, sondern im Sinn einer Wirkung auf das Ganze. Wir haben vergessen, dass wir Teil eines Ganzen sind; wir haben vergessen, dass

Vereinzelung, Individualität eine Illusion sind.» So Affentrager. «Wir meinen, die Zeit laufe in eine bestimmte Richtung. Auch das ist eine Illusion. Die Zeit bewegt sich wie das Wasser in einer Waschmaschine in alle Richtungen. Wir haben verlernt, dies wahrzunehmen.» So Oesch. «Ursache und Wirkung sind eine in sich verknotete Einheit – wie der berühmte Hund, der sich in den Schwanz beisst. Kennen Sie das Yin-Yang-Symbol der Chinesen? Zwar sprechen wir hier oberflächlich von der gegenseitigen Durchdringung des weiblichen und des männlichen Prinzips – es geht aber um die Natur jeglicher Dualität, die wir fälschlicherweise als Gegensätzlichkeit wahrnehmen. Es ist das schöpferische Prinzip, das wir nicht erkennen.» So Koch. «Der Tod erscheint uns furchtbar, weil wir ihn als ein Ende sehen, als das Ende unserer Persönlichkeit. Aber eine solche Persönlichkeit existiert nicht, sie hat nie existiert. Am Schluss spielt es keine Rolle, ob wir den Ozean sehen oder eine unendliche Anzahl von Wassertropfen.» So Affentranger.

WIEDERGEBURT

Um es gleich vorwegzunehmen und damit keine Missverständnisse entstehen: Ich glaube nicht an die Reinkarnationslehre. Auch in Bezug auf die Weiterexistenz des Individuums oder die Nichtexistenz des Individuums nach dem Tod bin ich derselbe radikale Agnostiker wie auch in religiösen Dingen. Und noch etwas sei in aller Deutlichkeit gesagt: Ich wünsche mir die Wiedergeburt auch nicht; ganz und gar nicht. Mir wäre es recht, wenn nach dem Tod alles vorbei wäre: Ich fürchte das Nichts nicht nur, ich sehne es sogar herbei. Trotzdem muss ich zugeben – gewissermassen contre coeur –, dass die Reinkarnationslehre einige Vernunftgründe auf ihrer Seite hat.

Wenn ich davon ausgehe, dass der einzige Sinn der menschlichen Existenz darin besteht, sich weiterzuentwickeln – und davon gehe ich aus, einen anderen Sinn der menschlichen Existenz kann ich beim besten Willen nicht erkennen –, dass der einzige Sinn der menschlichen Existenz darin besteht, zu lernen (wobei mit «Lernen» hier nicht die Anhäufung von trockenem Buchstabenwissen gemeint ist, denn, wie das schöne Sprichwort sagt, man wird nur aus Erfahrung klug), dann scheint mit die lächerlich kurze Zeitspanne eines einzigen menschlichen Lebens viel zu kurz zu sein, um diesem Anspruch zu genügen. Um Erfahrungen zu machen und dann über diese Erfahrungen hinauszugehen, sie zu transformieren, dafür braucht es wohl tatsächlich, wie die Philosophien postulieren, die von der Reinkarnationslehre ausgehen, viele – um nicht zu sagen: unendlich viele – Existenzen. In einer einzelnen menschlichen Existenz kann man einiges lernen, wenn man sich Mühe gibt, aber es entspricht, angesichts des gesamten menschlichen Erfahrungsschatzes etwa dem Wissen eines Neandertalers über die Astrophysik.

Eng verbunden mit der Reinkarnationslehre ist die Lehre vom Karma. Diese Lehre wird oft im Sinn der Moralkeule missverstanden. Es geht beim Karma nicht darum, für «gute» Taten belohnt oder – weit häufiger – für «schlechte» Taten bestraft zu werden. Das ist sozusagen die Vulgärversion des Karmagedankens. Die Lehre vom Karma ist ein Erkenntnisinstrument. Das, was wir tun, hat in irgendeiner noch zu begreifenden Art und Weise damit zu tun, was uns widerfährt. Manchmal ist das unmittelbar einsichtig. Wenn ich Menschen mit Misstrauen, Wut oder gar Hass begegne, werden sie auch mir mit Misstrauen, Wut oder gar Hass begegnen. Und wenn ich ihnen mit Wohlwollen, Freundlichkeit oder gar Güte begegne, werden sie mir Wohlwollen, Freundlichkeit und Güte widerspiegeln. Das klingt banal, ich weiss, ist aber unmittelbar empirisch überprüfbar. Da aber die menschliche Psyche nicht so einfach gestrickt ist und wir vielfältige Möglichkeiten haben, unsere wahren Motive vor andern und vor allem vor uns selbst zu verbergen, sind auch die Wege unseres Karmas etwas verschlungener als soeben beschrieben. Oft wird Karma auch mit Schicksal verwechselt. Der Vulgärglaube an Karma geht davon aus, dass es jemand seinem schlechten Karma verdankt, wenn er oder sie von einem Schicksalsschlag ereilt wird, von einer Krankheit, einem Unglück oder einem Leben in Armut und Unterdrückung. Karma heisst nicht, dass man als Schwein wiedergeboren wird, wenn man wie ein Schwein gelebt hat (wofür ja die armen Schweine nichts können, die niemals wie ein Schwein gelebt haben). Zu glauben, dass alle, die unglücklich sind, es auch verdient haben, ist ein fundamentaler Irrtum, oder, um es mal christlich auszudrücken, eine Sünde. Eine grauenhafte Arroganz, die sofort schlechtes Karma erzeugen wird. Sich auf ein hohes moralisches Ross zu setzen, ist nichts anderes als eine Form der geistigen Verwirrung.

EVOLUTION ODER DER BEGINN DER WELT

Das 1. Buch Mose beginnt mit der Schöpfung der Welt durch Gott in sieben Tagen:

❖ *Das Licht und damit Tag und Nacht werden geschaffen.*

❖ *Das Himmelsgewölbe wird errichtet, das das Wasser unter der Erde von Wasser über der Erde trennen soll; dabei wird auf das antike Weltbild Bezug genommen, wonach über dem Firmament wieder Wasser sei.*

❖ *Land und Wasser werden getrennt, und Pflanzen werden erschaffen.*

❖ *Himmelskörper werden am Gewölbe des Himmels angebracht (Sonne, Mond, Sterne).*

❖ *Meerestiere und Vögel werden erschaffen.*

❖ *Landtiere und zuletzt die Menschen werden erschaffen, männlich und weiblich*

❖ *Sabbat: Gott vollendet sein Werk und ruht; er segnet den siebten Tag und spricht ihn heilig.*

Das ist die Kurzversion der Genesis, wie sie das Alte Testament beschreibt. In den USA ist die Bewegung der Kreationisten ausgesprochen stark. Sie lehnen Darwins Evolutionstheorie ab und glauben, Gott habe die Erde tatsächlich in sechs Tagen erschaffen. Sie nehmen die Bibel wörtlich. Und so haben sie im US-Bundesstaat Kentucky Noahs Arche nachgebaut, originalgetreu, sagen sie.

Der klobige hölzerne Schiffsrumpf ragt weit in die Höhe und ist 150 Meter lang. Das «Schiff» enthält drei Decks. Die Betreiber behaupten, pro Tag kämen bis zu 10'000 Besucherinnen und Besucher in das «Kreationisten-Museum» und bezahlten je knapp 50$ Eintrittsgebühr. Im Innern begegnet man Dinosauriern, Kängurus und Koalabären, aber auch Adam und Eva – natürlich nicht in Echt, aber doch recht gut nachgebaut, und abstrusen Erklärungen, etwa, wie zum Beispiel Kängurus und Koalabären, die es nur in Australien gibt, vom Berg Ararat in der heutigen Osttürkei, wo die Arche Noah gestrandet sein soll, auf den fünften Kontinent gekommen seien. Nach der Sintflut seien grosse Teppiche aus Pflanzen auf den Meeren getrieben, sie hätten den Tieren gleichsam als Floss gedient, verkündet ein Schild. Und wie sollen die Dinos auf die Arche gekommen sein, wenn die doch schon vor etwa 66 Millionen Jahren ausgestorben sind? Die seien eben damals nicht ausgestorben und die Erde habe es vor 66 Millionen Jahren auch noch nicht gegeben, lautet die simple «Begründung» der Kreationisten entgegen jeglicher wissenschaftlichen Erkenntnis.

Allerdings ist auch die Theorie vom Urknall, von dem die Astronomen und Kosmologen ausgehen, für den menschlichen Verstand nur schwer oder eigentlich gar nicht nachvollziehbar. Sie gehen davon aus, dass das Universum ungefähr vor 14 Milliarden Jahren bei einem grossen Knall, dem Urknall, entstanden ist. Zu jener «Zeit» befand sich das gesamte Universum in einer Blase, die tausendmal kleiner als ein Stecknadelkopf war (ich setze «Zeit» in Anführungs- und Schlusszeichen, weil Zeit und Raum mit dem Urknall eben erst zu existieren begannen). Und es war heisser und dichter, als wir uns überhaupt jemals vorstellen könnten. Wie soll man sich eine Welt vorstellen, die keine Ausdehnung hat? Wie soll man sich «unendliche Dichte» vorstellen? Am besten gar nicht. Und was war eigentlich vor den 14 Milliarden Jahren, als unser Universum entstanden sein soll?

Aber klar, der Evolutionslehre ist vor dem Kreationismus unbedingt der Vorzug zu geben, weil die Evolutionslehre durch wissenschaftliche Erkenntnisse und Plausibilität untermauert ist, während es dem Kreationinsmus an beidem fehlt, weil er eben nicht primär der Aufklärung der Frage dient, wie unser Universum entstanden ist, sondern primär die wörtliche Auslegung der Bibel und damit ein rückwärtsgewandtes, reaktionäres Weltbild im Blick hat. Aber es ist schon ein starkes Stück, wenn die Kreationisten, nur zum Beispiel, um die Verwerflichkeit der Homosexualität zu belegen, die Dinosaurier auf der Arche Noah platzieren müssen.

SCHEISSE

Du willst also einen philosophischen Text über Scheisse schreiben? Igitt! Dieser Versuch könnte aber ganz schön in die Hosen gehen.»

«Wieso nicht? Gibt es doch kaum etwas, was präsenter in unserem Leben wäre. Wir haben die Scheisse nicht nur ständig in unserem Leib, sondern führen sie auch dauernd in unserem Mund. Überleg dir nur mal, wie oft du im Leben schon ‹Scheisse› gesagt hast! Scheisse ist also nicht nur ein materieller Ausdruck unserer Nahrungsumwälzung, sondern auch eine Metapher.»

«Scheisse ist eine Metapher? So habe ich noch nie über die Sache nachgedacht.»

«Eben. Deshalb lohnt sich die Auseinandersetzung ja. Zumal Scheisse im philosophischen Diskurs bisher deutlich unterrepräsentiert war. Das soll sich nun aber ändern.»

«Macht Scheisse als Metapher eine eindeutige Aussage?»

«Nein. Es kommt darauf an, wie man es ausspricht. Das ist ähnlich wie bei ‹fuck›, dessen Benutzungsbandbreite ja auch von eiskalt bis brandheiss reicht. Der Ausruf ‹Scheisse!› drückt, das ist ja offensichtlich, sehr häufig Ärger oder Wut aus, auch Schmerzempfinden oder andere negativen Gefühle, aber der Ausdruck kann natürlich auch Verwunderung, Verblüffung, Bewunderung und Anerkennung zur Sprache bringen, als Interjektion gewissermassen.»

«Nun gibt es ja verschiedene Ausdrücke für die selbe Sache, vom medizinisch-nüchternen ‹Stuhl› über eher neutrale Bezeichnungen wie Kot, Fäkalien, Exkremente bis hin zu eher kindlichen Bezeichnungen wie Kacke oder Gaggi. Scheisse ist eher der Vulgärsprache zuzuordnen und wohl gerade deshalb so beliebt, und zwar in allen Sprachen: Shit, Merde, Merda, Mierda etc. Auf Igbo heisst Scheisse Na na, auf Norwegisch Dritt und auf Lettisch Südi, was hübsch klingt. Auf Ungarisch heisst es Szar und auf Zulu Udoti, was irgendwie vornehm tönt. Die ursprüngliche Bedeutung des Wortes ‹Kot› ist Dreck, Schmutz; in dieser Bedeutung wird das Wort noch in Österreich verwendet. Der Begriff steckt noch in der ‹Kotbürste› (Schuhbürste) und dem ‹Kotflügel› und in der Redensart ‹Abendrot bringt Wind und Kot›.

Die Bezeichnung Stuhl (als Kurzform von Stuhlgang) stammt aus der Zeit vor der allgemeinen Verbreitung wassergespülter Toiletten, als man den sogenannten Leibstuhl, einen Stuhl mit Öffnung in der Sitzfläche und darunter hängendem Topf oder Eimer, gebrauchte. Auch die Redensarten zu Stuhle kommen bzw. zu Potte kommen (im Sinne von: einen langwierigen, mühseligen Prozess erfolgreich zum Abschluss bringen) haben diesen Ursprung, nicht zuletzt, weil bei Kranken die wieder in Gang gekommene Darmtätigkeit meist als Zeichen der Besserung des Krankheitsverlaufs gewertet wird. Der abwertende Begriff Köter leitet sich ebenfalls vom Begriff Kot ab. Aber halten wir uns nicht mit solchen Spielereien auf. Kommen wir zur philosophischen Tiefe.»

«Zunächst müssen wir über Psychologie sprechen. Unsere Faszination, aber auch unser Ekel und unsere Scheu im Umgang mit Scheisse ist ja tief in unserer Seele angelegt. Bei Kleinkindern herrscht vor allem die Faszination vor, die mit Stolz gemischt ist, wenn sie uns ihre Hervorbringungen unbedingt zeigen wollen. Das kann man bei Freud nachlesen. Diese Faszination schwingt ja noch in der Befriedigung des Erwachsenen nach, wenn er nach einem schönen Schiss wohlig seufzt. Beim Kleinkind spricht man von der analen Phase, die durch die genitale Phase abgelöst werden soll. Aber so einfach ist es natürlich nicht und das scheinbare Nacheinander von oraler, analer und genitaler Phase eher ein Nebeneinander, so, wie selbst im Greis noch das Kleinkind schlummert wie die innerste Schicht einer Zwiebel.»

«Der Mensch ist deiner Ansicht nach also ein Zwiebelwesen.»

«Unbedingt, und das gleich in mehrfacher Hinsicht. Es schlummern und manifestieren sich in ihm nicht nur sämtliche Lebensalter, sondern auch sämtliche Stufen der Evolution. Auch unser Hirn ist ja nichts anderes als eine Landkarte der Evolution. Wir haben ein Reptilienhirn, zum Beispiel. Aber zurück zur Scheisse. Wie gesagt, die Philosophie wie auch die Literatur haben sich dieses Themas nur selten angenommen. Marquis de Sade hat sich ziemlich intensiv mit Scheisse auseinandergesetzt, und zwar in einem sexualisierten Sinn. Aber war Marquis de Sade ein Philosoph? War er ein Dichter? Oder einfach nur ein Pronograph? Ich erinnere mich schwach an den Pasolini-Film ‹Die 120 Tage von Sodom›, der in drei Segmente unterteilt ist, als Höllenkreise der Leidenschaft, der Scheisse und des Blutes bezeichnet. Das Phänomen, dass Tiere ihre eigenen und die Exkremente fremder Tierarten fressen, wird als

Koprophagie bezeichnet. Beim Menschen wird die Koprophagie teilweise als Unterform des Pica-Syndroms betrachtet und hauptsächlich bei psychischen und neurologischen Störungen gesehen. Erkrankungen, mit denen eine Koprophagie einhergehen kann, sind Alkoholkrankheit und Delirium, Demenz, Hirnatrophie und Hirntumore, mentale Retardierung, Schizophrenie und Zwangsstörung. Sexualisierte Koprophilie resp. Koprophagie wie bei de Sade oder im Pasiolinifilm wird auch als Paraphilie resp. abweichendes Sexualverhalten gewertet. Abgesehen davon, dass das Essen von Kot nicht sehr gesundheitsfördernd ist, bedingt durch giftige Bakterien und Pilze, die in ihm enthalten sind, ist deren Darstellung – wie auch die Darstellung des Trinkens von Urin – in Pornofilmen eigentlich verboten, was bei der Grenzenlosigkeit des Internets natürlich nichts heissen will. Im Bereich des sog. Kliniksex spielt Kot im Zusammenhang mit Klistieren eine Rolle, da hier die Ausscheidung künstlich erzwungen wird. Im Gegenzug kann die Ausscheidung aber auch künstlich unterdrückt werden, z.B. mittels eines Analplug.»

«Analplug? Nie gehört.»

«Ach, du weisst nicht, was ein Analplug ist? Also gut: Stell dir einfach einen hübschen, rosafarbenen Stöpsel vor. Der kleine Stöpsel sorgt nämlich für die nötige Entspannung, um es mal so zu sagen. Das heisst: Er dient zur Vorbereitung auf die anale Penetration und sorgt dafür, dass der Anus locker ist. Im Jargon heissen sexuelle Spiele mit Kot übrigens auch Kaviarspiele. In einschlägigen Foren wird dann von Kaviar und Natursekt gesprochen. Ich überlass es mal deiner Fantasie, sich vorzustellen, was mit diesem Sekt gemeint ist. Kaviar- und Sektspiele sind oftmals

Teil von SM-Ritualen. Auch bei Praktiken, die nicht unmittelbar mit dem Kot selbst in Verbindung stehen, wie Analverkehr, Anilingus oder Analfisting kann sich aus der Schmutzigkeit für manche ein besonderer Reiz ergeben.»

«Nun ist natürlich die Variationsbreite der menschlichen Sexualität ungeheuer breit und es gibt viele Theorien darüber, wie es dazu kommt, dass sich der Trieb an ein bestimmtes Objekt bindet. Aber verlassen wir die Psychologie und Psychpathologie für einen Moment und wenden wir uns allgemeineren Betrachtungen zu.»

«Man könnte mit Fug und Recht behaupten, dass die menschliche Kultur auf der Scheisse gründet. Obwohl die Scheisse unser Verständnis von Kultur, Gesellschaft, Gesundheit, Anstand, Humor und Identität prägt, verdrängen wir sie Tag für Tag ebenso hartnäckig wie erfolgreich. Die alltäglichen Umgangsformen mit unseren Fäkalien halten eine ganze Industrie der Verdrängung und Verleugnung am Laufen. International treffen in unseren Badezimmern amerikanische Tiefspüler auf die japanische ‹Geräuschprinzessin› (Otohime), damit wir möglichst wenig von dem wahrnehmen müssen, dem wir doch eine nicht unerhebliche Zeit unseres Lebens widmen. Beim Tiefspüler fängt ein geruchsdämpfender, tief liegender Wasserspiegel die Ausscheidungen ohne Umwege auf und leitet sie barrierefrei direkt in den Abgang. So wird bei einem Tiefspüler der Kontakt zwischen Raumluft und Exkrementen verhindert und extrem unangenehme Gerüche können weniger leicht entstehen. Japanische Frauen verwenden häufig die Klospülung um peinliche Geräusche zu vertuschen, aber da jede Spülung ungefähr sechs Liter Wasser verbraucht, ist ein solches Verhalten in unserer auf Umweltschutz bedachten Welt kaum zu rechtfertigen. Der Keitai Otohime ermöglicht es, unauffällig zu sein und noch dazu den Planeten zu schonen. Mit einem einfachen Knopfdruck können unangenehme Geräusche überdeckt werden und der Gang zum stillen Örtchen wird zum rauschenden Vergnügen.»

«War unser Umgang mit Scheisse schon immer so verklemmt?»

«Nein, und er ist es auch heute an vielen Plätzen dieser Welt noch nicht. Als ich 1980 in Indien war, gab es in indischen Städten kaum öffentliche Toiletten – und die, die es gab, waren so vollgeschissen, dass man es vergessen konnte, an diesen Orten sein Geschäft zu verrichten. Was also machten die Leute? Sie hockten sich auf offener Strasse hin, hoben ihren Dohti und schissen in die Rinne, die neben der Strasse herläuft. Bei den Römern übrigens waren öffentliche Latrinen ein Ort der sozialen Begegnung. Die normale Latrine hatte 10 bis 20 Sitzplätze nebeneinander und keine Trennwände – die grössten Toiletten boten sogar bis zu 80 Personen Platz. Für die Römer war das normal. Deshalb blieben manche Leute auch länger als nötig da und führten längere ‹Klo-Gespräche›. Auch nahmen hier vielerlei Geschäfte ihren Ausgangspunkt, wurde hier so manche Geschäftsbeziehung vertieft. Ich konnte mich in Indien übrigens nie überwinden, beim öffentlichen Scheissen mitzumachen, obwohl ich von übelsten Durchfallattacken geplagt wurde. Scham, Schuld und (Selbst-)Hass prägen wohl eben auch meinen Umgang mit der Scheisse.»

«Gibt es weitere Aspekte, die bei unserem Thema beachtenswert sind?»

«Unser Umgang mit den Ausscheidungen ist nicht nur von Scham und Schuld, sondern auch von Aggression geprägt. Nicht umsonst nennen wir einen unangenehmen Menschen Scheisskerl oder Arschloch. Scheisse spielt auch eine Rolle in der Erniedrigung, in der Folter. Der Schwedentrunk war eine während des Dreissigjährigen Krieges häufig angewandte Foltermethode, bei der dem Opfer Jauche oder Wasser, oft auch vermischt mit Urin, Kot und Schmutzwasser, über einen Eimer oder Trichter direkt in den Mund eingeflösst wurde. Dass jemand gezwungen wird, Scheisse zu fressen – die eigene oder die anderer – gehörte und gehört zu allen Zeiten zum Repertoire der Foltermethoden – aber auch etwa zu ‹Bestrafungen› im Kriminellenmilieu und zu den Erziehungsmethoden von Eltern aus dem fundamentalistisch-religiösen Milieu. Grauen erregend sind in diesem Zusammenhang die Berichte aus den deutschen Konzentrationslagern. Waschmöglichkeiten und Toiletten gab es zum Beispiel in den Baracken von Auschwitz anfangs gar nicht und später nur teilweise. Kleidung und Schlafpritschen der Gefangenen waren häufig mit Kot verschmutzt, weil nahezu alle Häftlinge an Hungerdurchfall litten. Da die Türen über Nacht geschlossen zu sein hatten, blieben die Unterkünfte kaum gelüftet. Überall gab es Ungeziefer und Ratten. Die wenigen vorhandenen Sanitärbaracken mit Waschräumen und Latrinen waren für so viele Menschen nicht ausreichend, zumal sie diese häufig nur zweimal am Tag benutzen durften und dabei unter Schlägen und Gebrüll zu äusserster Eile angetrieben wurden.»

«Was hat Scheisse mit Sprache zu tun?»

«Mit ihrer Tabuisierung beziehungsweise mit der Energie, die nötig ist, um die Spannung zwischen den beiden Polen von Allgegenwärtigkeit und Tabuisierung zu neutralisieren, geht gewissermassen eine kulturelle Logorrhoe – ein verbaler Durchfall – einher. Interessant ist auch, dass es uns oft besonderen Spass zu machen scheint, über Exkremente zu reden. Scheisse bringt uns zum Lachen. Ganze literarische Gattungen wie beispielsweise das Fastnachtsspiel oder die Komödie werden von der Scheisse beherrscht. Fäkalsprache und -humor prägen die Kommunikation im Sandkasten, im Klassenraum und natürlich am Stammtisch.»

«Das heisst, es gibt eine Analogie zwischen dem Arschloch und dem Mund?»

«Unbedingt. Um wiederum mit Freud zu sprechen resp. seine Kloakentheorie heranzuziehen: Das Kind glaubt, durch den Darm geboren zu sein. Das Kind entwickelt, wenn es kackt, Fantasien autoerotischer Selbstzeugung. Dass die Prozesse des Denkens und des Verdauens inniglich miteinander verbunden sind, würde wohl kaum ein Mediziner bestreiten, ja die auffallende Ähnlichkeit der grauen Materie mit dem Dünndarm setzt ihrerseits imaginäre Energien frei. Sowohl das Schreiben wie das Denken und Sprechen sind exkrementaler Natur: Der Autor scheisst seine Bücher, der Leser frisst und verdaut sie. Das ist wie bei den Alchemisten, die versuchen, aus Scheisse Gold zu machen.»

HOMOSEXUALITÄT: FÜNF VORURTEILE UND IHRE WIDERLEGUNG

Vorurteil Nummer 1: Homosexualität ist widernatürlich

«Es ist schon in der Sache widersinnig, einer biologisch unnatürlichen Lebensform gleiche Rechte wie heterosexuellen Paaren zuzugestehen», führte EDU-Nationalrat Christian Waber als Argument gegen das Partnerschaftsgesetz an, das am 5. Juni 2005 in der Schweiz vom Volk angenommen wurde und es schwulen und lesbischen Paaren erlaubt, ihre Partnerschaft rechtlich zu schützen. Körperlich und seelisch seien Mann und Frau, dies die Argumentation kirchlich-fundamentalistischer Kreise, so geschaffen, dass sie der Ergänzung bedürfen, um den göttlichen Auftrag auszuführen, der da lautet: «Seit fruchtbar und mehret euch!» Diese doch eher archaisch und mythisch als wissenschaftlich anmutende Sicht geht davon aus – ähnlich wie Platon, der sagt, die Menschen seien ursprünglich kugelförmig gewesen und dann zu ihrem Unglück von einem übel wollenden Gott in zwei Halbkugeln geteilt worden –, dass die Menschen hälftig angelegt sind. Homosexuelle Beziehungen würden diese «natürliche Zuordnung» nicht haben und könnten deshalb die Aufgabe der Arterhaltung nicht erfüllen. Die gleichgeschlechtliche Liebe wird von diesen Kreisen als «naturwidrige Trieb-Verirrung» gebrandmarkt.

Offenbar besteht die Hauptsorge der Leute, die solche Thesen vertreten, darin, dass die Menschheit aussterben könnte – und zwar nicht etwa wegen der Zerstörung unserer natürlichen Lebensgrundlagen durch Umweltverschmutzung, Klimawandel, Konsumwahn oder etwa wegen drohender Kriege welcher Art auch immer mit Massenvernichtungswaffen oder wegen Naturkatastrophen, sondern weil offenbar die Gefahr besteht, dass sich immer mehr Menschen dem «Laster» der Homosexualität zuwenden. Abgesehen davon, dass diese Behauptung nur schon deshalb absurd ist, weil niemand zur Homosexualität «verführt» werden kann, lässt diese Sicht auch völlig ausser Acht, dass die Bevölkerung auf dem ganzen Planeten immer noch rasant zunimmt und dass bei uns die Menschen aus ganz anderen Gründen immer «reproduktionsmüder» sind, etwa weil Kinder zunehmend zu einem Armutsrisiko werden.

Tatsache ist: Ein gewisser Teil der Menschheit ist in allen Kulturen und war durch alle Zeiten hindurch mehr oder weniger ausgeprägt «schwul» oder «lesbisch» – nämlich etwa 5 bis 10% der Bevölkerung, je nachdem, wo man die Grenze zieht bei den ohnehin fliessenden Übergängen zwischen den Begriffen «homosexuell», «bisexuell» und «heterosexuell». Möglich, dass die Homosexualität nicht als solche bezeichnet wurde oder wird und auch nicht schon immer als «selbstständige Lebensform» existierte – das Phänomen als solches ist ganz gewiss keine Erfindung der Neuzeit. Homosexualität kommt übrigens auch im Tierreich vor und ist weder ein Ausdruck der Dekadenz noch irgendeiner Triebverirrung, sondern – ganz natürlich! (Homosexuelles Verhalten ist bei männlichen wie auch bei weiblichen Tieren mittlerweile in Tausenden von Fällen que{e}r durch das gesamte Tierreich dokumentiert; man darf daher als gesichert voraussetzen, dass keine grössere Tiergruppe auf diesem Planeten existiert, in der Homosexualität nicht vorkäme.)

Vorurteil Nummer 2: Homosexualität ist eine Krankheit

Schwule Männer und lesbische Frauen unterscheiden sich weder in hormoneller noch anderer physischer Hinsicht von heterosexuellen Menschen. Trotzdem wurden Homosexuelle lange Zeit von der Wissenschaft und werden immer noch von christlich-fundamentalistischen und zum Teil von rechtskonservativen Kreisen als «krank» diffamiert, da sie die Lebens- und Arterhaltungsfunktionen «stören» würden oder einen Hirnlappen zuviel oder zu wenig hätten (siehe Vorurteil 1). Entgegen neuerer Erkenntnisse behaupten sie zudem unverdrossen, Homosexualität sei eine erworbene Sexualneurose. Auf der Internetseite www.christus-kommt-bald.de steht wörtlich folgende Aussage: «Alle Homos, die mit Neurose-Tests untersucht wurden, weisen eine ‹neurotische Emotionalität› auf. Sie leiden unter einer gespaltenen Persönlichkeit: einem erwachsenen Ich und einem unreifen, infantilen Ich, dem ‹psychischen Infantilismus› oder ‹Schizosexie›. Dieser Infantilismus ist unabhängig von Intelligenz und Begabung.» Solche und ähnlich abenteuerliche Theorien entbehren jeder wissenschaftlichen Grundlage und entlarven sich selbst als verkappte Homophobie.

Vorurteil Nummer 3: Homosexualität ist heilbar

Einmal ganz abgesehen davon, dass Homosexualität keine Krankheit ist und folglich auch nicht «geheilt» werden muss (siehe Vorurteil Nummer. 2), ist es auch gar nicht möglich, jemanden, der lesbisch oder schwul ist, «umzudrehen» und in eine oder einen Heterosexuellen zu «verwandeln», wie das früher auch von Ärzten und der Psychiatrie mit Tabletten, Hormonspritzen, Psychotherapien und sogar Elektroschocks oder operativen Eingriffen versucht wurde. Das ist reiner Unsinn! Mittlerweile sind glücklicherweise die meisten Ärzte und Ärztinnen zu der Einsicht gelangt, dass Homosexualität keine Krankheit ist. Die Weltgesundheitsorganisation hat folgerichtig die Homosexualität aus dem Register der Krankheiten gestrichen. Vor allem christlich-fundamentalistische Kreise, aber etwa auch die Scientologen stellen immer noch die Behauptung auf, schwule Männer und lesbische Frauen könnten durch Seelsorge, Gebet, Living Waters oder Gesprächstherapie – oder im Fall der Scientologen gar durch intensives Schwitzen – «geheilt» oder zumindest zu einem sexuell-abstinenten Leben geführt werden. Die «Behandlung» von Schwulen und Lesben mit dem Ziel, sie «umzudrehen», ist nichts anderes als eine – in sektenähnlichen Gemeinschaften in vielen Bereichen nicht unübliche – Gehirnwäsche, die sehr häufig bewirkt, dass der sich um «Besserung» bemühende homosexuelle Mensch – letztlich vergeblich – gegen seine eigene Natur und damit gegen sich selber ankämpft und daran zerbricht, denn Homosexualität ist untrennbar mit der Persönlichkeit eines Menschen verbunden. Derart «behandelte» Menschen laufen gerade durch die oft sehr brutalen «Therapieversuche» Gefahr, krank zu werden! Natürlich kann ein schwuler Mann seine – oder eine lesbische Frau ihre – Neigungen verleugnen und unterdrücken, vielleicht sogar heiraten und Kinder bekommen und bis an das Lebensende sein/ihr Geheimnis und seine/ihre wahre Persönlichkeit verstecken – was früher (vor dem Entstehen der Schwulenbewegung) auch oft der Fall war. Der Preis kann das lebenslange Unglück von ganzen Familien sein und bei den Betroffenen zu schweren psychischen Problemen führen.

Vorurteil Nummer 4: Homosexualität ist pervers
Was als sexuelle Perversion gilt, ist relativ. Verschiedene psychologische Schulen (Freud, Adler etc.) haben sie verschieden definiert, die Definition ist auch abhängig vom Zeitgeist (siehe auch Vorurteil Nummer 2). Heute spricht die Psychiatrie nicht mehr von sexuellen Perversionen, sondern von sexuellen Störungen und insbesondere von Störungen der sexuellen Präferenz (sog. Paraphilien). Sie zeichnen sich dadurch aus, dass die sexuelle Befriedigung an aussergewöhliche Bedingungen geknüpft ist (wie im Fetischismus, im Exihibitionismus, im Voyeurismus und im Sado-Masochismus). Diese Störungen treten gleichermassen bei «homosexuellen» und «heterosexuellen» Menschen auf. Therapiert werden Paraphilien vor allem bei hohem Leidensdruck der Betroffenen, sie sind allerdings schwierig zu behandeln. Zu verurteilen – auch strafrechtlich – sind sicherlich alle sexuellen Praktiken, die nicht auf gegenseitigem Einvernehmen beruhen oder ein Machtgefälle ausnützen. Solche Praktiken kommen ebenfalls sowohl im heterosexuellen wie im homosexuellen Kontext vor. Natürlich wird im Volksmund der Begriff pervers auch für alles ver-

wendet, was man (höchst subjektiv!) als «nicht normal» empfindet. Die Homosexualität ist aber nur insofern nicht «normal», als (in allen Kulturen) lediglich eine Minderheit von 5 bis 10% der Bevölkerung schwul oder lesbisch ist (siehe oben; abgesehen davon, dass «ein bisschen schwul/lesbisch» und ein bisschen «hetero» doch fast jede/r ist). Nur würde zum Beispiel ja auch niemand behaupten, die Rätoromanen in der Schweiz seien pervers – bloss, weil es sich dabei um eine kleine sprachliche Minderheit handelt und es folglich nicht «normal» ist, Rätoromanisch zu sprechen!

Vorurteil Nummer 5: Homosexualität ist sündig

Homosexualität ist in vielen Religionen ein explosives Problemfeld; weil viele religiöse Gruppierungen Homosexualität (aber auch andere Formen der Sexualität wie zum Beispiel die Selbstbefriedigung) strikt ablehnen, meist unter Berufung auf heilige Texte, religiöse Schriften oder Traditionen, fühlen sich religiös geprägte Homosexuelle häufig in einen Gewissenskonflikt gedrängt.

In westlichen Ländern wird meist vorrangig mit der Familie, welche Homosexuelle nicht gründen könnten, argumentiert, da die herkömmliche Familie als ein wesentliches Lebensziel angesehen wird. Das anderswo häufig genannte Argument von der grundsätzlichen «Sündhaftigkeit» oder schlicht «Falschheit» von Homosexualität wird dagegen insbesondere in Europa von den Angehörigen der entsprechenden religiösen Gemeinschaften weniger akzeptiert.

In der Tat gibt es eine Reihe von Bibelstellen, die den Geschlechtsverkehr zwischen Männern bzw. zwischen

Frauen verurteilen. Aber bei näherem Hinsehen zeigt sich, dass diese Aussagen auf zeitgebundenen Vorstellungen beruhen und auf einem überholten Wissensstand über den Menschen und seine Sexualität. Zum Beispiel geht Paulus im Römerbrief (1,18 ff.) davon aus, dass Homosexualität frei wählbar sei und dass sie jederzeit auch wieder aufgegeben werden könne. In seiner Vorstellung ist jeder Mensch heterosexuell. Wir wissen heute, dass dem nicht so ist. Von einer homo- oder bisexuellen Persönlichkeitsprägung war Paulus noch nichts bekannt. Und es gab damals natürlich auch die Untersuchungen von Alfred Kinsey noch nicht und man kannte somit auch seine Skala noch nicht. Diese Skala reicht von den Werten 0 bis 6, wobei 0 für ausschliesslich heterosexuell und 6 für ausschliesslich homosexuell steht. Dazwischen liegen verschiedene Formen bisexueller Erfahrungen, wobei der Wert 3 gleiche Anteile heterosexueller und homosexueller Erfahrungen bezeichnet. Ausserdem gibt es neben der Skala eine Kategorie X für Individuen, die keine sexuellen Kontakte pflegen und keine offensichtlichen sexuellen Reaktionen im sozialen Kontext zeigen. Diese Kategorie wird heute oftmals als Einordnung von Asexuellen verstanden. Männer, und zwar egal ob hetero oder schwul, ordnen sich in der Regel an den Eckpunkten ein, bezeichnen sich entweder als ganz hetero oder ganz schwul. Frauen sind da wesentlich flexibler und haben entweder 0, 1, 2 oder 6, 5, 4. Frauen haben auch viel weniger Probleme damit zuzugeben, dass sie auch schon Zärtlichkeiten mit einer Frau ausgetauscht haben. Wenn man heterosexuelle Männer fragt, ob sie schon einmal einen sexuellen Kontakt mit einem Mann gehabt hätten, werden sie knallrot, schwitzen und werden ganz aufgeregt, sie verneinen es energisch oder geben zu, dass es ein einziges Mal passiert sei, aber da seien sie betrunken gewesen und der Kerl habe sie dann irgendwie rumgekriegt. Bei Schwulen beobachtet man praktisch die gleiche Reaktion, wenn man sie fragt, ob sie je sexuellen Kontakt mit einer Frau hatten.

Von Jesus gibt es keine Aussagen zur Homosexualität. Auf ihn jedoch beruft sich Paulus, wenn er zur Überwindung sinnlos gewordener Grenzen aufruft: «Es gibt nicht mehr Juden und Griechen, nicht mehr Sklaven und Freie, nicht mehr Mann und Frau, denn ihr alle seid einer in Christus Jesus» (Gal. 3,28). Was man durchaus auch so interpretieren kann, dass Jesus keinen Unterschied zwischen Heterosexuellen und Homosexuellen gemacht sehen will. Diese Haltung würde sich jedenfalls weitaus besser mit dem neutestamentlichen Konzept der Selbst- und Nächstenliebe vertragen als die homophobe Haltung vieler kirchlicher Würdenträger (wobei man bei vielen von ihnen von homosexuellem Selbsthass ausgehen muss). Daraus würde folgen: Homo- und Heterosexualität sind gleichwertige Varianten der Sexualität – sogar und gerade für Christinnen und Christen!

VORSATZ

Einen Roman (oder eine Erzählung) schreiben mit dem Titel «Desaster. Auf der Kriechspur des Lebens».

EINE UNMÖGLICHE LIEBE

Dass sich Richie in Robin verlieben würde, war weder wahrscheinlich noch vorhersehbar. Es widersprach im Gegenteil allem, was man von der Wirklichkeit – der wirklichen Wirklichkeit, aber auch der Wirklichkeit dieser Geschichte – zu erwarten bereit wäre. Richie war jung, ein erfolgreicher Sportler und Versicherungsbroker, er sah gut aus auf eine Weise, die seine Schönheit durch etwas Wildes, Dreckiges, ja Vulgäres zu einer sexuellen Verführungskraft steigerte, die kaum noch zu überbieten war. Richie war bei beiden Geschlechtern begehrt. Er hätte zahllose Affären haben können, aber das kam Richie überhaupt nicht in den Sinn; er war in Robin verliebt, und zwar ohne dass diese Liebe erwidert worden wäre. Robin hatte eine Stupsnase, Tränensäcke unter den Augen, kaum Haare auf dem Kopf und war exakt einen Meter 36 Zentimeter gross, also eher klein; schon fast kleinwüchsig. Ja, Richie hat sich in Robin verliebt, Sie haben schon richtig gehört. Nicht Robin in Richie, noch nicht oder nie.

Dass sich Robin in Richie verlieben würde, das könnten wir noch goutieren, das würde uns noch einleuchten, aber andersrum macht die Geschichte für die meisten Menschen einfach keinen Sinn. Es spricht gegen die Plausibilität, dass sich ein Schöner in einen Hässlichen, ein Grosser in einen Kleinen verliebt. Das kommt uns schon fast pervers vor. Oder zumindest leicht anrüchig. Aber es kommt vor. Lassen Sie sich das gesagt sein. Es kommt vor, und gar nicht mal so selten. Es kommt nicht häufig vor, zugegeben, aber immerhin, wie Sozialwissenschaftler wohl sagen würden, mit einer Wahrscheinlichkeit im statistisch relevanten Bereich.

Wenn Sie wüssten, was nicht alles vorkommt! Unglaublich, was da alles unter dem Deckel schlummert und wummert und wabert und sich windet, diese Schlangenbrut im Abgrund der Seele, da sind die Geschichten in den Boulevardblättern das reinste Nasenwasser dagegen. Und es sind meistens nicht mal die ganz schlimmen Sachen, die das Licht des Tages und des Bewusstseins scheuen; wie die grosse Mehrheit unter uns nicht die Bestimmung zum grossen Helden, Heiligen oder Geistesriesen in dieses Erdenleben mitbringen, so sind auch die meisten nicht zum grossen Verbrecher oder Unhold geboren. Das, was wir unter dem Deckel verbergen, ist uns meist schlicht peinlich; oder wäre uns peinlich, wenn wir uns dessen bewusst wären.

So wäre es auch Richie peinlich gewesen, wenn es ihm bewusst gewesen wäre, dass er sich in Robin verliebt hatte, und dass er sich deshalb nicht auf die zahllosen Affären einliess, die er hätte haben können. Es war aber Richie nicht bewusst; nur dass er so ein komisches Zerren und Ziehen in der Magengegend spürte, wenn er Robin sah. Und dass er eben keine Lust hatte, sich auf die zahllosen Affären einzulassen, die ihm angetragen wurden. Richie begegnete Robin relativ oft; sie waren Nachbarn. Richie wohnte allein und seine Wohnung war infolgedessen eine Junggesellenwohnung; Robin lebte mit seiner normal grossen – oder annähernd normal grossen, sie war etwa eins sechzig – Schwester zusammen. Diese Schwester, man ahnt es, war heimlich in Richie verliebt. Damit verdichtet sich das eng gesponnene Netz aus Tragik, das über dieser Geschichte liegt, noch einmal erheblich. Wir dürfen davon ausgehen, dass Robin Richie ebenfalls nicht grundsätzlich abgeneigt ist; aber er kommt sich durch jegliche Art von Zuwendung von Seiten Richies, sei diese nun positiver oder negativer Art, verhöhnt, ja verarscht vor. Also macht er sich abweisend, stachelig, widerborstig, was wiederum Richie verstört, der allmählich seinen wahren Gefühlen auf die Spur kommt. In einer alkohol- und tränenreichen Nacht gesteht er sich selber seine Liebe zu Robin ein. Er ist verzweifelt, dass sein Angebeteter nichts von ihm wissen will und, je mehr er um ihn wirbt, desto weniger von ihm wissen will. Schliesslich wirft er sich in einem Anfall von akuter Verzweiflung vor den Zug. Robin aber verbittert ob der Tatsache, dass ihn niemals jemand begehren, lieben wird. Man darf davon ausgehen, dass ihn ein einsames Alter erwartet. Und Robins Schwester, die in dieser Geschichte nicht mal einen Namen hat? Die heiratet einen andern, von dem sie sich später wieder scheiden lässt; ihren Bruder verleugnet sie vor ihren Kindern, die alle mindestens einen Kopf grösser sind als sie.

GLÜCK, ZEIT. WASSER. FRAGEN

Ein neues Jahr hat begonnen, sagt man, gar ein neues Jahrzehnt, was bedeutet, dass man sich mit der Zukunft konfrontiert zu werden bemüssigt fühlt, aber was heisst das? Es wäre einmal mehr nach dem Wesen der Zeit zu fragen, ein Unterfangen, das leicht ins Philosophischen hinabzugleiten oder auch hinaufzuflutschen droht, was einerseits daran liegt, dass diese Frage ein weites Feld ist und andererseits daran, dass man, wie beim Sprechen über die Liebe oder das Glück oder das Leben oder den Tod oder die Unermesslichkeit des Alls, beim Sprechen über all diese letzten Fragen also eigentlich nie so richtig weiss, worüber man spricht. Über Zeit zu spekulieren kommt mir ähnlich absurd vor wie es wohl dem Fisch vorkommen müsste, sich über das Wesen des Wassers den Kopf zu zerbrechen. Nun nehme ich nicht an, dass es einem Fisch in den Sinn kommen könnte, seinen nicht sehr zum Intellektuellen und Abstrakten tendierenden Fischkopf, wie ich vermute, aber nicht sicher bin, über das Wesen des Wassers zu zerbrechen, obwohl man auch das natürlich nicht sicher sagen kann, denn schliesslich gibt es ja offenbar auch viele sehr intelligente Fische wie Delphine und Wale, wobei ich mir da nicht sicher bin, ob das wirklich Fische sind. Mein an unzähligen Quizsendungen trainiertes Halbwissen sagt mir, dass Delphine und Wale Säugetiere sind, man spricht von Meeressäugern, nicht wahr, doch wäre das Bild, die Metapher von Meeressäugern, die sich über das Wesen des Wassers den Kopf zerbrechen, ja auch irgendwie überzeugend, resp. eben absurd, oder die Frage, ob absurd oder nicht, ebenso berechtigt. Dieser Schlenker von meinem eigentlichen Gegenstand, der Zeit, zu den Fischen resp. dem Wasser führt mich zum auch nicht erstmalig gedachten Gedanken über die Unendlichkeit meines Nichtwissens, meiner fundamentalen Ungebildetheit. Je älter ich werde, desto mehr wird mir – wie Sokrates – bewusst, dass ich nichts weiss, und je älter ich werde, desto weniger Dinge erlebe ich resp. desto weniger Gedanken denke ich zum ersten Mal, das Leben neigt mit zunehmendem Alter zur Wiederholungsträchtigkeit, weshalb es auch nicht allzu sehr verwundern darf, dass mir immer öfter auffällt, wie wenig ich weiss. Eine Erkenntnis oder Einsicht, die einen deprimieren könnte, die mich aber seltsamerweise nicht deprimiert, sondern auf eine beinahe verzweifelte Weise beinahe fröhlich macht. Wobei es, kleine Klammerbemerkung, natürlich gar nicht stimmt, dass man in fortgeschrittenem Alter nichts mehr Neues erlebt, man erlebt sogar ganz dramatisch oder auch traumatisch Neues, zum Beispiel spätestens dann, wenn man stirbt. Vielleicht stirbt man sogar darum, weil man wieder einmal etwas Neues erleben möchte. Wobei man jetzt kleinkrämerisch und erbsenzählerisch und indiesuppespuckerisch resp. spielverderbend einwenden könnte, dass es in keinster Weise erwiesen sei, dass das Sterben etwas Einmaliges und damit Erstmaliges sei, man könnte mit den Millionen oder gar Milliarden, diesen Myriaden von Hindus und

Buddhisten der Welt hinter dem Ofen oder dem Berg hervorkommen, die an die Wiedergeburt glauben, aber das wollen wir hier jetzt nicht tun, um die Sache nicht noch mehr zu verkomplizieren. Und obwohl wir in den letzten paar Minuten nicht schlecht auf den Assoziationen herumgesurft sind und unseren eigentlichen Gegenstand scheinbar oder anscheinend so ziemlich aus den Augen verloren haben, haben wir doch einiges zum Wesen der Zeit gedacht und nun auch ausgesprochen, wenn auch nicht sehr Präzises und schon gar nichts Naturwissenschaftliches, aber trotzdem, belassen wir es dabei.

Etwas anderes. «Glück» soll zum Schulfach werden. Ein besonderes Wahlfach soll den Aargauern Berufs- und Oberstufenschülern künftig die positiven Seiten des Lebens näherbringen: das Wahlfach «Glück». Dies fordern drei Grossräte der Grünen in einem Vorstoss vom Regierungsrat. Es gehe nicht um «Zuckerguss-Pädagogik». Der Umgang mit dem Glück sei jedoch eine Lebenskompetenz, die jungen Menschen vermittelt werden müsse, begründen sie ihr Anliegen. Glück sei eine «anspruchsvolle Angelegenheit». Bei Schülern und Lehrpersonen habe die Schule «immer weniger das Image eines Glücksbringers». Wer glücklich sei, bringe in der Schule und am Arbeitsplatz eine höhere Leistung.

Glück als leistungssteigernde Droge? Und stimmt das: ist Glück eine «anspruchsvolle Angelegenheit»? Ist Glück lernbar? Oder anders gefragt: Ist ein Glück, das man lernen kann, noch Glück? Wenn ja, warum? Und wenn nein, warum nicht? Anregungen zur Beantwortung dieser schwierigen Fragen sind jederzeit willkommen.

DER ENGEL VOM HAUPT-BAHNHOF

Letzthin unterhielt ich mich mit F., meinem indonesischen Lebenspartner, über die alte Frau, die immer im Rollstuhl in der Hauptbahnhofshalle sitzt. Er hatte mit seinen Freunden gerätselt, was diese Frau wohl den ganzen Tag mache und warum sie da sei. Es gebe ihm jedes mal einen Stich ins Herz, wenn er sie so dasitzen sehe, weil sie ihn an seine Mutter erinnere. Zuerst hatten sie gedacht, sie sitze da, weil sie kein Geld habe, aber dann beobachteten sie, dass die Frau Geld energisch zurückwies und höchstens eine Blume oder einen Apfel als Geschenk akzeptierte. Einer kam dann auf die folgende Idee: Die Frau sitze da, weil sie als junge Frau ihren Geliebten verloren habe. Er habe sie verlassen und sei mit dem Zug weggefahren. Und nun sitze sie da und erwarte seine Rückkehr. Ist das nicht eine schöne, traurige Geschichte? Ich erklärte ihm dann, dass sie meines Wissens da sitze, weil sie sich von Gott höchst persönlich beauftragt fühle, die Ankommenden und die Abfahrenden zu beschützen und zu segnen, als Schutzengel gewissermassen – eine Interpretation, die ihm ebenfalls unmittelbar einleuchtete.

GLÜCK IST EINE GABE, ABER AUCH EINE KUNST

Angeborene Persönlichkeitsmerkmale legen den Grundstein für die Erlebnisfähigkeit eines Menschen. Diese Erlebnisfähigkeit ist eine wesentliche Voraussetzung dafür, Glück überhaupt empfinden zu können, sie ist gewissermassen unser Sensorium für das Glück. Wer beispielsweise für die Schönheit der Natur kein Auge und kein Ohr und auch sonst keinen Sinn hat, ist unempfänglich für das Glück, das dem Naturempfinden innewohnt. Der Genuss von Speis und Trank hat nicht nur mit den Qualität von Nahrungsmitteln zu tun, sondern auch und vor allem mit unserer Genussfähigkeit. Im Verlauf unserer individuellen Geschichte kann die Umgebung und die Umwelt diese Fähigkeit zum Genuss und zum Glück verstärken oder abschwächen. Glück ist wohl eine Gabe, aber auch eine Kunst, die es zu erlernen gilt.

Glück leitet sich vom Erreichen bestimmter Ziele ab – oder vielmehr vom Weg, den wir zu diesem Ziel gehen. Ist das Ziel erst einmal erreicht, verliert es nämlich seine Fähigkeit, uns glücklich zu machen. Das spürt jede Künstlerin, jeder Künstler in der Leere, die auf die Vollendung eines Werkes so sicher wie das Amen in der Kirche folgt und die sich erst dann wieder füllt, wenn ein nächstes Projekt in Angriff genommen wird. Unterwegs stellt sich dann das ein, was der ungarische Psychologe mit dem unaussprechbaren Namen mit dem Begriff «Flow» umschrieben hat: Schaffensrausch, Tätigkeitsrausch, Funktionslust, ein völliges Aufgehen im Tun oder eben – eine Art Glück, das Mihaly Csikszentmihalyi mit folgenden Begriffen umschreibt: Mühelosigkeit, unsere Sorgen um uns selbst verschwinden, unser Gefühl für Zeitabläufe ist verändert, Handlung und Bewusstsein verschmelzen. Flow, sagt der Psychologe, könne als Zustand beschrieben werden, in dem Aufmerksamkeit, Motivation und die Umgebung zu einer Art produktiver Harmonie verschmelzten. Die Bewältigung von Herausforderungen stärke zudem das Selbstwertgefühl, sie lasse das Zutrauen in die eigenen Fähigkeiten, auch andere Ziele zu erreichen; das Wachsen oder die Wachstumsfähigkeit sei damit eine Voraussetzung für Glück.

Glück ist also nicht daran gebunden, dass alle Wünsche erfüllt oder dass alle Ziele erreicht werden. Im Gegenteil. Bekannt ist das Märchen der Gebrüder Grimm vom Fischer und seiner Frau, deren Wünsche an den Butt immer massloser werden, so dass sie am Schluss alles wieder verlieren. Ähnlich wie beim Streben nach künstlichen Paradiesen mittels Drogen entwickelt sich aus der Gier nach immer Mehr eine Suchtspirale. So erweisen sich die Glücksversprechungen der Werbung, die als Motor für unserer quantitatives Wirtschaftswachstum dienen, letztlich als Phantom: Sie bringen den Einzelnen als Konsumenten nicht die ersehnte Befriedigung. Die Konzerne werden zwar reich, jedoch wird der Planet dabei zerstört.

Bekannt ist auch das Märchen vom «Hans im Glück». Hans erhält als Lohn für sieben Jahre Arbeit einen kopfgrossen Klumpen Gold. Diesen tauscht er gegen ein Pferd, das Pferd gegen eine Kuh, die Kuh gegen ein Schwein, das Schwein gegen eine Gans und die Gans gibt er für einen Schleifstein mitsamt einem einfachen Feldstein her. Er glaubt, jeweils richtig zu handeln, da man ihm einredet, ein gutes Geschäft zu machen. Zuletzt fallen ihm noch, als er trinken will, die beiden schweren Steine in einen Brunnen. So glücklich wie ich, ruft er nun aus, gibt es keinen Menschen unter der Sonne. Mit leichtem Herzen und frei von aller Last geht er fort, bis er daheim bei seiner Mutter angekommen ist. Er ist glücklich, die schweren Steine nicht mehr tragen zu müssen.

Ob man sich selbst als glücklich bezeichnet, hängt überdies davon ab, mit wem man sich vergleicht oder eben nicht vergleicht. Das Problem dabei: man misst seine Situation fast immer an der Situation jener, die mehr haben. Der Banker vergleicht sich mit dem Boss der UBS und findet sein Gehalt von drei Millionen pro Jahr ziemlich mickerig. Natürlich sind 70'000 Schweizerfranken Währungsgewinn aus einem Dollarverkauf für den Notenbankchef nicht der Rede wert, während sie für den einfachen Bürger ein Jahreseinkommen bedeuten würden. So gesehen ist «Erfolg» ausgesprochen relativ und als Glücksquelle deshalb denkbar ungeeignet, weil es ja immer jene gibt, die noch mehr haben. Ein Trost bei momentan fehlendem Glück mag sein, dass wir uns an weniger Einkommen, schlechtere Noten oder einen sozialen Abstieg meist genauso gewöhnen wie an neuen Reichtum und einen neu erreichten hohen Status. Wenn der aktuelle Zustand «normal» geworden ist, streben wir automatisch wieder nach erreichbarem neuem Glück.

In unseren westlichen Industriegesellschaften wird das Individuum oft vor die Gemeinschaft gestellt. Besitz, Macht und Prestige werden nicht selten höher bewertet als der soziale Zusammenhalt. Vom Standpunkt des Glücks aus sind diese Prioritäten jedoch falsch gesetzt. Wenn wir anderen dabei helfen, glücklicher zu sein, kommen wir nicht selten dem eigenen Glück näher. Geben sei seliger als Nehmen, heisst es auch im Neuen Testament. Das behauptet seit einiger Zeit auch die Wissenschaft. Eine gross angelegte US-Studie vom Institute for Social Research der University of Michigan konnte 2002 nicht nur zeigen, dass soziale Kontakte den Zeitpunkt der Sterblichkeit erheblich hinausschieben können, sondern auch, dass besonders die selbstlosen Menschen profitieren und sie sich darüber hinaus auch noch langfristig besser fühlen.

Das nationale Glück der Untertanen ist in Bhutan bereits seit über 30 Jahren das höchste Ziel der Monarchie im kleinen Land auf dem Dach der Welt. Mit ganz konkreten Folgen: Jede öffentliche Investition oder Gesetzesänderung muss auf den Prüfstand und kann erst umgesetzt werden, wenn klar ist, dass das Vorhaben für die Allgemeinheit von Nutzen ist. Es ist die Antithese zu materialistischem Streben. Das Glück, nicht der Reichtum des Einzelnen wird angestrebt.

Machen Religionen den Menschen glücklicher?

Glücksversprechungen sind nicht nur ein Kennzeichen von Werbung, sondern auch von Religionen und anderen Heilslehren. Die Kirchen leeren sich zwar, aber die Esoterik und die Ratgeberbranche boomen, und auch die Psychiater und Psychotherapeutinnen als illegitime Nachfolger der

Priester und Pfarrer haben alle Hände voll zu tun. Wobei: Individuelles Glück kann durch eine religiöse Lebenshaltung durchaus begünstigt werden. Religiöse Menschen sind im Durchschnitt glücklicher als nicht religiöse. Untersuchungen belegen, dass sie leichter Lebenskrisen bewältigen, weniger häufig zu Suchtmitteln greifen und bei Erkrankungen zuversichtlicher auf den Heilungsprozess vertrauen. Religiöse Erziehung, die diesen Namen verdient, befähigt zum Leben, sie schenkt Vertrauen und lädt zur Liebe ein. Allerdings ist damit nicht ausgeschlossen, dass die Zuwendung zur Religion auch das Risiko beinhalten kann, unglücklicher zu werden. Davon können Organisationen wie Infosekta in der Schweiz, die sich mit sektenähnlichen Gruppierungen befassen, ein Lied singen: Solche Gruppierungen können eine ausgesprochen destruktive Wirkung auf ihre Mitglieder (und deren Angehörige) ausüben.

Auch die höchste Form des Glücks, die Gipfelerfahrungen, um mit Abraham Maslow und seiner Bedürfnispyramide zu sprechen, haben mit Religion – oder besser, in einem übergeordneten Sinn, mit Spiritualität – zu tun. Erleuchtungsvorstellungen gibt es in allen Religionen: Im Islam verbinden sie sich insbesondere mit dem Sufismus, im Judentum mit der Kabbala. Im Buddhismus kennt man sie als Bodhi, im Zenbuddhismus als Satori, im Hinduismus als Samadhi, im Christentum als die Einswerdung der Unio Mystica. Als Erleuchtung bezeichnen wir gemeinhin eine umfassende Erfahrung, bei der das Alltagsbewusstsein überschritten und Einsicht in eine – wie auch immer geartete – universelle Wirklichkeit erlangt wird. Die Konzepte von «Erleuchtung», vor allem aber die Methoden, wie sie zustande kommt, sind von Tradition zu Tradition verschieden. Erleuchtung wird als spontan eingetretener Durchbruch (Satori) oder aber als aus eigener Kraft erlangtes Endergebnis eines Prozesses geistiger Übung und Entwicklung (Samadhi), als Vereinigung mit einem universalen Bewusstsein oder als eine durch göttliche Gnade erlangte Heiligmässigkeit verstanden. Ob dieses universale Bewusstsein als konkretes göttliches Wesen gedacht wird oder als Wirken einer allem zugrunde liegenden «Energie», hängt also vom jeweiligen Kontext ab. Im Christentum sind mystische Strömungen allerdings nicht unbestritten: Der Dominikanermönch und Mystiker Meister Eckhart (1260 – 1327) zum Beispiel wurde nach seinem Tod von der Kirche als Ketzer verteufelt und viele seiner Schriften gingen verloren.

So unterschiedliche Religionen wie dem Christentum und dem Buddhismus wohnt freilich die Überzeugung inne, dass Glück im Diesseits weder erstrebenswert noch erreichbar sei. Die Vorstellung des irdischen Lebens als Jammertal, das sich nur im Hinblick auf ein Jenseits sinnvoll leben lässt, ist nicht nur dem Barock ein Begriff. Und der Buddhismus setzt Leben und Leiden sogar gleich, ein Zustand, der sich erst dadurch aufheben lässt, dass man alle Verhaftung an das Leben löst und ins Nirvana – ins «Nichts» – eingeht.

Eine andere Art von – wenn auch zukünftigem – Glück versprechen deshalb die Paradiesvorstellungen. Solche kennen wir vor allem aus dem Christentum, dem Judentum und dem Islam. Die Bibel schildert das Paradies eher abstrakt und vage. Die Erlösten befinden sich in der Nähe Gottes, leben in ewigem Frieden, erfreuen sich eines herrlichen Daseins und preisen Gott mit Lobliedern. Das Wort «Paradies» finden wir im Neuen Testament nur an drei Stellen. Die Offenbarung des Johannes spricht zum Beispiel «vom Baum des Lebens, der im Paradiese steht» – als Nahrung für jene, die getreu ausgehalten haben. Darüber hinaus gibt es eine Reihe von Formulierungen und Bildreden, die mit anderen Worten auf eine paradiesische Existenz im Himmel hinweisen. Dazu gehören u.a. nach die Aussagen von Jesus über das «Himmelreich» oder «Reich Gottes» und vor allem die Weissagungen der Offenbarung des Johannes, der vom «neuen Himmel und der neuen Erde» spricht und vom «himmlischen Jerusalem», einer neuen Stadt, die am Ende der Apokalypse auf der Erde entstehen wird.

Im Judentum spielen Paradiesvorstellungen keine so wichtige Rolle wie im Islam und im Christentum. Der Ort, an dem sich die Gerechten endloser Glückseligkeit erfreuen, wird «Garten Eden» genannt. Im Koran nimmt das Paradies (arabisch Djanna, «Garten») als Aufenthaltsort der Gläubigen nach der Auferstehung als Belohnung für gute Taten und gottesfürchtiges Leben eine zentrale Rolle ein. Die im Koran beschriebenen «Gärten des Paradieses» sind Quartier für alle, «die glauben und tun, was recht ist». Der «Garten der Unsterblichkeit» wird mit zahlreichen Details als Ort des Glücks und der sinnlichen Freuden (mit Flüssen aus Wasser, Milch, Honig und Wein) beschrieben. Die Paradiesjungfrauen, die in vollendeter Schönheit als Lohn für die Gläubigen bereitstehen, sind nach neuester Forschung allerdings umstritten.

Natürlich bestimmte nicht nur die Sehnsucht nach dem Paradies, sondern vor allem auch die Furcht vor der Hölle lange Zeit das Leben der Menschen. Die Vorstellungen von der Hölle sind denn auch viel konkreter als die des Paradieses: Sie ist der «Pfuhl, der von Feuer und Schwefel brennt», in ihr werden die Seelen «Tag und Nacht gequält», und zwar bis in alle Ewigkeit. Wie konkret diese Höllenvorstellungen waren, kann man sich sehr gut vorstellen, wenn man sich den entsprechenden Teil auf dem Gemälde «Der Garten der Lüste» von Hieronymus Bosch betrachtet. Dabei waren Vorstellungen von der Hölle sehr oft von den höchst realen «Höllen» des Alltags im Diesseits inspiriert.

Heute sind es weniger die himmlischen als die irdischen Paradiese, die unsere Vorstellungen von Glück beflügeln. Sie lassen uns Jahr für Jahr während des Urlaubs Flugzeuge, Schiffe und Automobile besteigen, um uns auf die Suche nach unseren Sehnsuchtsorten zu machen, an welchen wir endlich das ultimative Glück finden sollen. Und wem die Verheissung des Glücks nicht vom Paradies aus winkt, der erwartet sie vielleicht von Utopia. Glück in diesem Sinn wäre eine ideale Gesellschaft, in der, zum Beispiel, die Ideale der Französischen Revolution – Freiheit, Gleichheit, Brüderlichkeit – verwirklicht wären. Oder eine Gesellschaft – eine Welt! – in der es wirklich «Wohlstand für alle» (Ludwig Ehrhard, 1957) gäbe. Oder eine Welt des ökologischen Gleichgewichts. Allerdings scheinen diese glücksversprechenden Welten ebenso fern wie die Paradiese der Religionen.

Jeder seines Glückes Schmied?

Mit dem Wirtschaftswunder nach dem Zweiten Weltkrieg brach in den westlichen Industriegesellschaften wieder einmal eine Aera ungezügelten Zukunftsoptimismus und Fortschrittsglaubens an. Doch auch sie löste ihre hohen Erwartungen und Glücksversprechungen nicht ein und der Fortschrittsglaube begann mit der 68-er-Bewegung und der Ölkrise endgültig und unwiderruflich zu bröckeln; der «Club of Rome» proklamierte die «Grenzen des Wachstums». Erich Fromm, der berühmte Philosoph und Soziologe, meint dazu: «Man muss sich die Tragweite dieser grossen Verheissungen und die fantastischen materiellen und geistigen Leistungen des Industriezeitalters vor Augen halten, um das Trauma zu verstehen, das entstand, als der Gesellschaft langsam klar wurde, dass sich ihre Träume nicht verwirklichen würden.»

Heute befinden wir uns – immer noch oder schon wieder – in einer Phase der Desillusionierung. Sie hat zunächst einmal einen schrankenlosen Egoismus und Zynismus hervorgebracht, der manchmal geradezu sozialdarwinistische Züge annimmt. Das Recht des Stärkeren gilt. Wer nicht glücklich ist, ist selber schuld. Die Glücksideologie der westlichen Industriegesellschaften verlangt von uns, zumindest glücklich zu wirken. Das Glücklichsein wird getragen wie ein teures Accessoire, es ist das Attribut jener, die es geschafft haben und die es noch schaffen werden. Wer unglücklich, traurig oder niedergeschlagen ist, macht etwas falsch und gehört verdienterweise auf die Verliererseite: selber schuld und Pech gehabt. All jene, die es nicht schaffen, sind selbst dafür verantwortlich und verdienen nicht unser Mitgefühl, sondern gehören auf die Anklagebank. Sie verkörpern das «Schwache», das es auszumerzen oder zumindest auszugrenzen gilt. «Sozialschmarotzer» und «Scheininvalide» sind Begriffe, die auf Menschen angewandt werden, die auf andere – den Sozialstaat, die Solidargemeinschaft – angewiesen sind, weil sie, so die Diffamierung, zu faul (oder zu blöd) sein sollen, für sich selbst sorgen zu können – etwa so wie in Griechenland, wo eine ganze Mittelschicht unter dem Spardruck der EU in die Proletarisierung und ins Prekariat – sprich in die Armut – gezwungen wurde. Allerdings mehren sich nach der Bankenkrise die Anzeichen, dass auch dieses Zeitalter sich dem Ende zuneigt und einer hoffentlich etwas menschlicheren Sichtweise Platz machen muss – auch wenn natürlich immer die Gefahr besteht, dass gewiefte Politiker*innen das bestehende Unbehagen auch weiterhin von den Profiteuren der stets weiter auseinanderklaffenden Schere zwischen Arm und Reich auf Sündenböcke, die ganz unten stehen (wie etwa Migranten oder anderweitig «Fremdartige»), umlenken.

Die Gefahr des Glücks

Aber vielleicht ist das «Glück» – als Dauerzustand – für den Menschen ja gar nicht erstrebenswert. Teresa von Avila meinte, über erhörte Gebete seien mehr Tränen vergossen worden als über unerhörte. Paul Watzlawick entwarf mit dem Buch «Anleitung zum Unglücklichsein» ein radikales Gegenstück zu der – vor allem in den USA – weit verbreiteten Ratgeberliteratur rund um das Glück. Er zeigt auf, wie man sein Leben unerträglich gestalten kann. Glück, so Watzlawick, sei schlimmer als die Pest; nichts sei so schwer zu ertragen wie eine Reihe von guten Tagen. Sogar den Tieren gehe es nicht besser: Im Zoo seien sie vor Hunger, Gefahr und Krankheit geschützt – und würden so zu Neurotikern.

Um zu verhindern, dass die Menschen an ihrem Glück ersticken, liefert das Buch von Watzlawick einige wirkungsvolle Rezepte zum Unglücklichsein, die wir Ihnen am Schluss dieses Beitrags nicht vorenthalten wollen:

1. Verherrlichen Sie die Vergangenheit («früher war alles besser»).

2. Suchen Sie den verlorenen Schlüssel da, wo es Licht gibt und nicht da, wo sie ihn verloren haben.

3. Verscheuchen Sie Elefanten: Ein Mann klatscht alle zehn Sekunden in die Hände. Nach dem Grund für dieses Verhalten befragt, erklärt er: «Um die Elefanten zu verscheuchen.» Auf die Bemerkung, dass es hier gar keine Elefanten gebe, antwortet er: «Na, also! Sehen Sie?»

4. Wählen Sie auf keinen Fall das rote Hemd: Eine Mutter schenkt ihrem Sohn zwei Sporthemden. Wenn er eines der beiden anzieht, blickt sie ihn traurig an und sagt: «Das andere gefällt dir wohl nicht?»

5. Seien Sie unbedingt spontan.

6. Helfen Sie jemandem nur, wenn Sie ganz sicher sind, dass sie keine selbstsüchtigen Hintergedanken dabei haben.

7. Beobachten Sie die anderen so lange, bis Sie sicher sein können, dass diese sich hinter Ihrem Rücken lustig über Sie machen.

8. Treten Sie nie einem Club bei, der bereit ist, jemanden wie Sie aufzunehmen.

9. Leihen Sie nie beim Nachbarn einen Hammer aus –
denn dieser Rüpel könnte ihn Ihnen vielleicht verwei-
gern. Watzlawick bezeichnet das als die «Konfrontation
eines ahnungslosen Partners mit dem letzten Glied einer langen, komplizierten Kette von Fantasien, in denen er eine entscheidende, negative Rolle spielt.»

Wir haben es also tatsächlich selbst in der Hand, das
Glück – bis zu einem gewissen bescheidenen Grad. Darüber hinaus gilt wahrscheinlich, was Ernest Hemingway
einmal formuliert hat: «Glück ist eine gute Gesundheit und
ein schlechtes Gedächtnis.» Oder, in den Worten Theodor
Fontanes: «Das Glück ist kein Geschenk – nur ein Darle-
hen.» Sind wir uns dessen bewusst, dann ertragen wir
womöglich nicht nur die unglücklichen, sondern auch die
glücklichen Zeiten besser.

MENSCHENVERSUCHE

Also was hab ich da gehört: Die Mäusekammer, oder die Ärztekammer der Mausheit, ich weiss nicht mehr genau, hat beschlossen, dass die Amputation von Zehen in Menschenversuchen erlaubt sein soll. Da kann ich nur sagen: ich bin dagegen! Und zwar total. Und zwar radikal! Die armen Menschen! Haben Sie sich schon mal die Zehchen von so frisch geschlüpften Menschenkindern angeschaut? Diese feine Textur! Das ist doch ein Wunder der Natur. Und jetzt sollen diese Zehen für unser Wohlergehen geopfert werden.

Was in der Theorie simpel tönt, war in der Praxis bisher unmöglich. Jetzt leider nicht mehr. Ken Muneoka, Obermaus aus Osaka, bemüht sich seit Monaten, den Regenerationsprozess bei einer Menschenzehe auszulösen, da sie dem Fuss der Maus ähnelt. Eine Knacknuss sind insbesondere die Gelenke; ihre Bildung ist für die Forscher nach wie vor ein Rätsel. «Ich hoffe, dass Mensch und Maus sehr ähnlich sind und wir vielleicht bereits in 10 bis 20 Jahren einen Körperteil des Menschen nachwachsen lassen können», sagt Muneoka. Damit wäre der Heilige Gral der regenerativen Medizin gefunden. Und das ist der Gipfel: Regenerationsforscher liessen dem Menschen ein drittes Bein wachsen.

Wie gesagt: ich bin dagegen. Nieder mit den Menschenversuchen!

ZWEI LEBEN

Ich habe in den letzten Wochen zwei Lebengeschichten gelesen, die unterschiedlicher nicht sein könnten: Die eine, verfasst anfangs der Siebzigerjahre von Golo Mann, ist ein beinahe 1000 Seiten starker Wälzer zum Leben von Wallenstein, Generalissimus des Kaisers von Österreich, Ferdinand II., Herzog von Friedland und Mecklenburg, überragende Figur im Dreissigjährigen Krieg und also die Lebensgeschichte eines bedeutenden Menschen. Andererseits die literarische Spurensuche von Markus Werner, der den Lebensstationen seines Ururgrossvaters Heinrich Bluntschli zu folgen versucht und darüber ein schmales Bändchen mit dem Titel «Der ägyptische Heinrich» publiziert hat, das zum besten gehört, was die neuere Literatur der Schweiz zu bieten hat.

Heinrich war im Gegensatz zu Albrecht, Bluntschli anders als Wallenstein ein ganz gewöhnlicher Mensch und eigentlich das, was man nach den Normen seiner Zeit einen Versager zu nennen pflegte. Allerdings, rollt man die Lebensgeschichten der beiden vom Ende her auf, war Heinrich wahrscheinlich der glücklichere von beiden.

Wallenstein wurde zuletzt, als Verräter diffamiert, der er wahrscheinlich gar nicht war, und selber verraten und verkauft, im äussersten Winkel Böhmens, in Eger, niedergestochen; damals war er bereits seit Jahren chronisch krank, konnte sich wegen der Gicht, die er Podagra nannte, kaum mehr bewegen, litt an Verstopfung, Magenbrennen und wahrscheinlich auch an Syphilis.

Überhaupt konnte er seinen Reichtum, den er sich unter mehr oder weniger dubiosen Umständen zusammengerafft hatte und der ebenso schnell zerronnen wie gewonnen war, nie so recht geniessen (er litt im Gegenteil stets unter der Furcht vor Verarmung, was Zeichen einer besonderen Form der Depression ist), und auch Ruhm, Macht und Ehre waren ungetreue Gesellen, deren Freundschaft sich leicht ins Gegenteil verkehrte. Auch scheint es in Wallensteins Leben, folgt man der Beschreibung Golo Manns, wenig Liebe und Platz für weichere Gefühle als solche, die mit Kopfabschlagen, Rauben, Morden und Brandschatzen einhergingen, gegeben zu haben. Es waren eben harte Zeiten, und noch die Glücklichsten unter den Unglücklichen mussten erfahren, was alle Menschen im Zeitalter des Barock als Erkenntnis mit sich ins Grab nehmen durften, nämlich dass das Leben vor allem und in erster Linie Leiden ist, etwas, was die Buddhisten ja auch heute noch behaupten und was sich zu allen Zeiten schwerlich widerlegen lässt.

Am Dreissigjährigen Krieg lässt sich sehr schön die Absurdität des menschlichen Daseins belegen, man erkennt aber im Kern der politischen Diskussionen, Entscheidungen und folgenreichen Handlungen jener Zeit das Debattieren, Entscheiden und folgenreiche Handeln unserer heutigen Politiker – insofern lässt sich schon etwas lernen aus der Geschichte.

Betrachtet man die Kriegszüge und Schlachten in der ersten Hälfte es siebzehnten Jahrhunderts, die Feindschaften, die nicht zwischen den Völkern, sondern zwischen Kurfürsten, Herzogen, Königen und Kaisern auf Kosten ihrer Völker ausgetragen wurden, erkennt man kein Muster und keinen Sinn. Irgendwie taktierten und paktierten und intrigierten aus rein egoistischen Gründen (obwohl natürlich edlere Gründe wie etwa der Kampf um die allein wahrhaftige Religion vorgeschoben wurden) alle gegen alle in stets wechselnden Koalitionen, mal die Österreicher mit den Bayern gegen die Norddeutschen und die Schweden, dann wieder die Österreicher mit den Spaniern gegen die Franzosen, dann wieder die Bayern mit den Franzosen gegen die Spanier usw. usf., oder eben der österreichische Kaiser gegen den französischen König und dessen Richelieu, Kurfürst Maximilian von Bayern gegen König Gustav Adolf von Schweden etc., und mittendrin unser gichtgeplagter Wallenstein mit seinem gewaltigen, bis 100'000 Mann starken Heer.

Das grösste Problem des damaligen Kriegens waren nicht die Schlachten, von denen es wenige gab und die oft nicht sehr lange dauerten; sie waren zwar grausam und blutig, wurden aber immerhin Mann gegen Mann gefochten. Verheerender war vielmehr, dass die Heere verpflegt werden mussten und sie sich, weil zu ihrem Unterhalt von den Fürsten stets zuwenig finanzielle Mittel aufgebracht werden konnten, anderweitig durch Rauben, Morden, Vergewaltigen und Brandschatzen schadlos hielten. Welche verheerende Wirkung diese Tatsache in einem Krieg, der dreissig Jahre dauerte, für die betroffene Bevölkerung – im Verbund mit der Pest und anderen Seuchen – hatte, kann man nur erahnen.

Der Ururgrossvater von Markus Werner (oder seinem literarischen Alter Ego) lebte etwa zweihundert Jahre nach

Wallenstein und war ein Zeitgenosse von Gottfried Keller, auf dessen Grünen Heinrich sich Markus Werner mit dem Titel ja auch bezieht. Heinrich Bluntschli, Sohn des trinkfreudigen Pfarrers von Oberurdorf, war offenbar ein eher fantasiebegabtes Kind, das davon träumte, mit Seide zu handeln. Später war er beruflich vor allem eins: erfolglos.

Konsequent setzt der junge Mann, inzwischen verheiratet und mit Kind, ein geschäftliches Unternehmen nach dem andern in den Sand. Er lebt gern auf zu grossem Fuss und träumt lieber, auf dem Strohsack in einer Ecke seines Kontors liegend, von beruflichen Erfolgen, als etwas dafür zu tun. Nein, fleissig ist Heinrich nicht – und auch nicht unbedingt pflichtbewusst: Vor den Ansprüchen seiner Familie und seiner Gläubiger entflieht er nach Ägypten, wo er es zum «Postdirektor» von Isma'ilia, einer Stadt, die beim Timsahsee, einem den Bitterseen vorgelagerten Salzsee, am Suezkanal in der Mitte zwischen Port Said im Norden und Suez im Süden gelegen ist, etwa 120 km von Kairo entfernt. Vielleicht war er auch der Direktor eines Salzbergwerks, ein Bekannter und Mitarbeiter von Ferdinand Lesseps, dem Leiter der Erbauung des Suezkanals, ein Günstling des türkischen Paschas, der damals in Ägypten regierte – man weiss es nicht genau und der Autor, auf Spurensuche in Ägypten, findet es auch nicht heraus.

Sicher ist dagegen, dass dem Heinrich in Ägypten das Liebesglück in Gestalt der jungen und schönen Catherine, mit der er drei oder vier Kinder hat, noch einmal lacht. Wahrscheinlich, so darf spekuliert werden, hat der Träumer und Versager tatsächlich mehr vom Leben gehabt als der erfolgreiche Machtmensch mit den Kisten voller Gold, den Teppichen aus Venezien und den edlen arabischen Pferden.

Zwei Lebensgeschichten, die die Abfolge meiner Lektüre in zufällige Nachbarschaft gebracht hat. Gemeinsam ist ihnen, dass sie literarisch gespiegelt und deshalb hoch verfremdet sind; die Menschen, die hier beschrieben werden, hat es so ganz sicher nicht gegeben. Es sind interpretierte Leben; aber vielleicht sind Biografien nur so zu fassen, als Geschichten, die erzählt werden müssen, damit sie einen Zusammenhang haben und einen Sinn ergeben.

DER HANFDIEB WIRD ALS FROSCH WIEDERGEBOREN

Die Verbrechen, auf die eine Wiedergeburt als Tier oder Pflanze erfolgt, sind im Hinduismus (Gesetzbücher des Manu) genau geregelt:

Ein Brahmanenmörder fährt in den Leib von Hund, Schwein, Esel, Kamel, Rind, Ziege, Schaf, Hirsch oder Vogel; ein Brahmane, der das Geld eines Brahmanen stiehlt, wird tausendmal zu Spinne, Schlange, Echse oder Wassertier; wer das Bett eines Edlen beschmutzt, wird hundertmal zu Gras, Busch, Ranke oder zu einem fleischfressenden Tier; der Korndieb wird zur Ratte; der Honigdieb zur Schmeissfliege; der Milchdieb zum Vogel; der Gewürzdieb zum Hund; der Fleischdieb zur Grille: der Seidendieb zum Rebhuhn; der Hanfdieb zum Frosch; der Baunmwolldieb zum Kranich, der Rinderdieb zur Riesenechse; der Weihrauchdieb zur Bisamratte; der Gemüsedieb zum Pfau; der Feuerdieb zum Reiher; der Möbeldieb zur Hornisse; der Pferdedieb zum Tiger; der Frauendieb zum Bären; der Wasserdieb zum Kuckuck; der Obstdieb zum Affen.

In welcher Tiergestalt werde ich dereinst wohl wiedergeboren?

HÄNSEL UND GRETEL

Hänsel und Gretel liebten sich sehr. Das war auch kein Wunder – in der Waldeinsamkeit, in der sie lebten, hatten sie nur einander, um sich zu lieben. Sie kannten keine Menschenseele ausser sich und die Eltern. Und die Eltern waren bös und alt. Die Eltern liebten das Leben nicht mehr, weil auch das Leben sie nicht mehr liebte und sie mit allerlei Gebrechen schlug. Hänsel und Gretel aber waren jung und wollten leben, und das dichte Grün des Waldes war für sie noch voller lockender Verheissung.

Vater und Mutter standen ihnen jedoch vor dem Glück. Wenn sie sich küssen und herzen wollten, mussten sie sich im Sommer im Gebüsch, im Winter im Geräteschuppen verstecken. Die Eltern sahen es nicht gern, wenn Hänsel die Gretel so berührte, wie sie manchmal von ihrem Vater berührt wurde. Sie fanden, das gehöre sich nicht, und Vater verprügelte Hänsel, während Gretel von der Mutter in die Kartoffeln geschickt wurde.

Das machte die beiden Kinder manchmal sehr traurig und sehr wütend. In ihnen wuchs das Aufbegehren und verwandelte sich in Hass. Hänsel wurde von Monat zu Monat grösser und stärker und liess sich von seinem Vater nicht mehr so einfach verprügeln – er prügelte jetzt zurück, mit der ganzen wilden Kraft seiner dreizehn Jahre. Man wird schnell erwachsen, wenn man beim Wald wohnt. Gretels Augen hatten jetzt manchmal einen eigentümlichen Glanz, wenn sie ihre Eltern beobachtete. Es war ihr klargeworden, dass sie mehr wusste als die Mutter. Die Mutter kannte die Wahrheit des Lebens nicht. Die Frau war verhärmt und voller Bitterkeit und Angst. Nicht einmal im Jahr sah Gretel ihre Mutter herzhaft lachen. Auch weinte sie fast ebenso selten, und das war beinahe noch schlimmer, denn sie hatte allen Grund zum Weinen. Der Vater schlug auch die Mutter mehrmals am Tag. Er schlug sie weit häufiger, als er sie zärtlich berührte. Das kam eigentlich nie vor.

In Vater war eine unentwegt grollende Wut wie ein unterirdischer Vulkan. Seine ganze Kraft, die noch immer nicht unbeträchtlich war, verschwendete sich in Schlägen und sinnlosem Herumgebrüll.

Manchmal schauten sich die beiden, Hänsel und Gretel, lange an und sahen in den Augen des anderen den eigenen Wunsch gespiegelt.

Eines Abends, in der lichtlosen Jahreszeit, war es mit Vater besonders schlimm – er schlug immer wieder auf die am Boden liegende Mutter ein. Mutter schrie nicht mehr, sie wimmerte nicht einmal mehr. Da nahm Hänsel einen grossen Stein und schlug ihn dem Vater krachend über den Schädel.

Nachdem das Familienproblem auf diese Art gelöst war, machten sich Hänsel und Gretel auf den Weg, um endlich den Wald zu erforschen und vor allem herauszufinden, was hinter dem Wald war – wieder ein Wald? Und dann eine Hütte am Rand des Waldes? In der eine Familie wohnt? Vater, Mutter, Hänsel und Gretel?

Vielleicht gab es aber auch gar nichts hinter dem Wald. Vielleicht hörte der Wald nirgendwo auf. Dann würden sie sich höchstwahrscheinlich in ihm verirren wie auf dem Boden eines Meeres.

Das sollte sie aber nicht daran hindern, die Erkundung des Waldes zu wagen, doch nicht ganz ohne Rettungsseil, wie Hänsel überlegte. Wir müssen eine Spur legen, sagte Hänsel, dann finden wir notfalls wieder hierher zurück.

Niemals, erwiderte Gretel darauf heftig, werde ich in dieses Haus zurückkommen! Lieber verdurste ich in dem verdammten Wald oder werde von den Wölfen gefressen!

Hänsel beschwichtigte Gretel und gab vordergründig nach. Er wollte jetzt, wo sie frei waren, nicht gleich mit Streit anfangen. Aber im Geheimen dachte er, trotzdem nach seinem Willen zu handeln. Frauen verstehen das nicht. Bei denen heisst es immer gleich: alles oder nichts!

Gretel bemerkte nicht, dass Hänsel hin und wieder einen Brotkrumen fallen liess. Allerdings fiel ihr auf, dass Hänsel so frohgemut war; auch schien es ihr, als würde er mit weniger sanfter Stimme zu ihr sprechen, seit sie unterwegs waren.

Sie marschierten manchen Tag immer tiefer in den Wald hinein. Des Nachts fürchtete sich nicht nur Gretel vor der Dunkelheit und den Geräuschen des nächtlichen Waldes, während sie dicht aneinandergedrängt unter der Wolldecke sassen und ein wenig zu schlafen versuchten. Die Worte waren ihnen allmählich ausgegangen, und meistens blieben sie jetzt stumm. Die Vorräte, die sie mitgenommen hatten, wurden allmählich knapp, und noch immer wollte der Wald kein Ende nehmen – im Gegenteil, er wurde immer dichter und ruhiger, nur selten noch waren Vögel zu hören, und die Baumwipfel wuchsen immer höher in den Himmel hinein, so dass kaum mehr ein Stück des Himmels zu sehen war. Hänsel liess immer weniger Brotkrumen fallen – es war auch kaum mehr Brot da. Inzwischen hatte auch er den Gedanken an eine Rückkehr fast aufgegeben – allerdings auch die Hoffnung, jemals wieder lebend aus diesem Wald herauszukommen.

Und dann begann es auch noch zu regnen – das Rauschen auf dem Blätterdach musste Regen sein, und dass es tropfte und gurgelte, feucht und kalt wurde, liess ebenfalls auf Regen schliessen. Verzagt versuchten sie, unter einem Gebüsch kauernd, sich aneinander zu wärmen. Gretel sagte: Wir werden sterben. Hänsel nickte stumm und dachte bei sich: Das kann noch lange dauern.

So sassen sie, eine kleine Unendlichkeit lang, während ihre Verzweiflung in sich zusammensank und zu einem Häufchen schmutziger Trostlosigkeit wurde. Bis schliesslich kein Wollen und kein Aufbegehren mehr in ihnen war. Bis sie ein Teil der Erde wurden, auf der sie sassen, und warteten, ohne zu warten, atmend, ohne zu atmen, schauend mit blindem Blick. Wenn sie in sich angeschaut hätten, dann würden sie wohl mit Erstaunen wahrgenommen haben, dass die Angst aus ihren Herzen verschwunden war.

Da löste sich der Wald vor ihren Augen plötzlich auf und gab eine sonnenüberflutete Lichtung frei. Auf dieser stand ein kleines Häuschen. Es stand ganz still und friedlich da, und aus dem Kamin kräuselte Rauch.

«Siehst du das auch?», fragte Gretel flüsternd. «Wir sind wieder zu Hause!»

«Verdammt!», meinte Hänsel rauh und räusperte sich, «wie ist denn das gekommen? Es scheint jemand da zu sein.»

Die Nackenhaare sträubten sich ihm.

«Komm, wir sehen nach!», drängte Gretel. «Ich habe Hunger!»

«Bist du wahnsinnig! Ich sagte doch schon: Da ist jemand. Vater, Mutter...», stammelte er.

«Die sind doch tot, du Schwachkopf!» Gretel funkelte ihren Bruder an. «Sei kein Feigling! Los, schauen wir nach!»

Und sie schlichen sich an das nächstgelegene Fenster und schauten rein.

Nichts rührte sich in der Stube.

Nur die Katze lag faul auf dem Fensterbrett und schaute sie verächtlich mit einem halben Auge an.

Keine Hexe braute am Herd einen Zaubertrank. Doch lag auf dem Tisch eine halbe Wurst und ein Kanten Brot.

Jetzt liessen Hänsel und Gretel alle Vorsicht fahren.

Doch auf der Schwelle der Tür versperrte ihnen gross der Vater den Weg und brüllte mit rot unterlaufenen Augen: «Wo habt ihr gesteckt?! Euch werde ich es zeigen!». Und er griff nach der Rute und holte nach Hänsel auf. Auch Mutter lebte noch, wie sich jetzt zeigte. Zeternd und zitternd rang sie die Hände. Gretel staunte mit offenem Mund, und Hänsel vergass in seiner Überraschung, sich gegen die väterlichen Prügel zu wehren. Eines Tages, als er besoffen war, schlug Vater die Mutter so sehr, dass sie nicht einmal mehr wimmerte. Daraufhin liess Hänsel einen grossen Stein auf den Schädel des Vaters krachen. Wenig später verliessen Hänsel und Gretel die Lichtung und machten sich auf in den Wald.

So muss Hänsel seinen Vater immer wieder von neuem umbringen. Hänsel wird älter. Der Wald hat seine Verlockung verloren, ist eher Fluch als Verheissung. In Hänsel ist eine ständig grollende unterirdische Wut. Mit Gretel hat er ein, zwei Kinder. Auch Gretel ist älter geworden – eine bittere, verhärmte Frau. Die beiden Kinder, das Mädchen und der Knabe, werden aufwachsen und sich zu lieben beginnen, da sie nur einander haben dazu.

EINE UNBEQUEME WAHRHEIT

Wir sind alle dumm, wir Menschentiere, mehr oder weniger, wobei dieses Mehr oder Weniger angesichts der Unendlichkeit dessen, was wir alles nicht wissen, eigentlich unerheblich ist und nur insofern ins Gewicht fällt, als die etwas Klügeren zwar auch nicht klug genug sind, um die richtigen Antworten zu finden, aber immerhin imstande sein sollten, die richtigen Fragen zu stellen. Ich wage nicht zu entscheiden, wer von den beiden tendenziell glücklicher ist, der Dumme oder der etwas weniger Dumme. Ich vermute, dass es der Dumme ist, denn er ist es, der allenfalls mit Gewissheiten leben kann, während sich der etwas weniger Dumme wohl mit dem Stachel des Zweifels zufriedengeben muss.

DAS PRIVATE IST POLITISCH

Der Spruch der heute viel geschmähten 68er ist eben doch wahr. Das Private ist politisch und das Politische privat – dies nicht mit moralisch erhobenem Zeigefinger postuliert, sondern als einfache pragmatische Erfahrungstatsache. Das Private im Kleinen wirkt auf das Politische im Grossen, unsere Handlungen können, sobald sie andere betreffen, gar nicht anders als eine letztlich politische Wirkung haben, im Guten wie im Schlechten. Anderseits wird auch die hohe Politik genau so wie unsere kleine Privatheit vom Menschlich-Allzumenschlichen geprägt, von Intrigen und Eitelkeiten, Machtbesessenheit und Gier, Pose und Rhetorik, gutem Willen und grossen Ankündigungen, Gestaltungswillen und Gestaltungsohnmacht, das Private ist politisch und das Politische das Drama des Alltäglichen. Und dieses ist gekennzeichnet durch die Widersprüchlichkeit, die grosse Konstante der menschlichen Existenz. So ist es durchaus möglich, das ein knallharter Neoliberaler «privat» eine selbstlose, altruistische Ader hat und der Wähler (oder Vertreter) einer fremdenfeindlichen Partei eine Frau aus Brasilien oder Thailand oder der Grüne einen heimlichen Offroader in der Garage oder einen heimlichen Heizpilz auf dem Balkon. Und neuerdings wird beides, das Politische wie das Private, immer mehr zum blossen Marketing: Eine Partei positioniert sich, weil sie sich (für Wähleranteile) verkaufen will, genauso wie der einzelne Mensch auf dem Beziehungsmarkt und auf dem Arbeitsmarkt sich selbst (seine eigene Ich-AG) möglichst geschickt, will heissen, mittels möglichst geschicktem Marketing, vermarkten muss, wenn sie oder er Erfolg haben will.

DAS ANGENEHME SCHWEINCHEN

Das kalte Neonlicht fiel von oben auf seine an die Wand gelehnte Gestalt. Sein Morgengesicht erschien dadurch noch blasser. Er stand ganz ruhig, was einen eigenartigen Gegensatz zum Hin und Her all der andern Leute bildete: Rush Hour. Auch ich befand mich im Strom, der, von seiner Perspektive aus, an ihm vorbeizog. Deshalb bekam ich von seinem Gesicht auch nur einen ganz kurzen, beinahe fotografischen Eindruck. Ich weiss nicht, warum mir dabei einfiel: Er hat ein Schweinchengesicht, das Gesicht eines angenehmen Schweinchens. Ich führte diesen Gedanken, der jetzt eine fast ebenso flüchtige Erinnerung ist, nicht weiter, es war eigentlich auch eher ein Gefühl als ein Gedanke, ein Hauch oder ein Geruch, ja, vielleicht am ehesten: ein Anflug von Stallgeruch, mit allem, was damit verbunden ist. Dankbarkeit der Augen für ein bisschen Nestwärme, um acht Uhr früh, auf der Treppe, die in den Untergrund des Bahnhofs führt.

DER VERLORENE TRAUM

Ohne jeden Zusammenhang, ohne jede Vorgeschichte und Perspektive treibt der Traum auf dem Meer der Wahrscheinlichkeiten dahin wie ein Stück Holz, das vielleicht einmal zu einem Kahn gehört hat, einem Fischerboot oder einem alten Küstendampfer, bevor der Sturm gekommen und an Bord die Panik ausgebrochen ist, die Angst und dann das Vergessen begonnen hat.

DIE SENSIBLE TOMATE

Es war einmal eine Tomate, die war sehr sensibel und schüchtern, sodass sie sicher errötet wäre, wenn ihr jemand ein Kompliment gemacht hätte und wenn sie überhaupt noch hätte röter werden können als sie es schon war. Es war nämlich eine schöne, saftige, sonnengereifte Tomate. Natürlich gab es genügend brutale Menschen, die nur zu gerne in sie hineingebissen hätten. Aber die Tomate, die zwar sensibel war, jedoch nicht im mindesten masochistisch veranlagt, hatte einen gesunden Überlebenstrieb. So rollte sie, nach einer glücklich verlebten Jugend an der Mutterpflanze auf dem Gemüsestand eines italienischen Bauern gelandet, tollkühn einfach davon. Sie rollte mit dem unverschämten Glück der Naiven quer durch den Moloch der Stadt Florenz, in deren Kinos perfiderweise soeben der neueste Hollywoodstreifen mit dem Titel «Angriff der Killertomaten» (ital. «L'attacco dei pomodori assas-sini») gezeigt wurde, rollte also davon, ohne von Autos zerquetscht, von Füssen zertrampelt, von Polizisten eingefangen und gescheibelt als Beilage zu einem Frühstückssandwich exekutiert zu werden. Sie rollte davon und raus aus der Stadt in die friedlichen Felder der Toscana hinein.

Es war ein überaus sonniger, heisser Tag. Unsere sensible Tomate wurde müde und wollte ein kleines Schläfchen machen.

Man ahnt schon, wie die Geschichte endet. Matschig und faulig werdend, überlebt die Tomate die Siesta im trockenen Staub wohl kaum.

Was beweist, dass das Leben der Tomaten so oder so kurz und tragisch ist.

LIEBE

Erlauben Sie mir ein paar Gedanken zur Liebe. Obwohl ich diesem vielseitigen, schillernden Phänomen, je älter ich werde und je mehr Facetten dieses Phänomens ich begegnet bin, immer sprachloser gegenüberstehe. Ich werde auch immer wieder von Aspekten der Liebe überrascht, die ich noch nicht kannte und nicht für möglich hielt. Die Liebe ist wie ein Aal, man will sie mit Worten packen, doch sie entwindet sich. Die Liebe wurde schon mit so vielen Begriffen umschrieben, man versuchte sie zu katalogisieren, indem man Agape von Eros und geschlechtliche Liebe zum Beispiel von Freundesliebe oder Mutterliebe oder gar Vaterlandsliebe unterschied, aber das alles trifft meines Erachtens den Kern der Sache nicht. Was könnte der Kern der Sache denn sein? Vielleicht die Bedingungslosigkeit. Ja, wahre Liebe ist immer bedingungslos, sie lässt sich nicht erkaufen, sie lässt sich nicht erzwingen, sie lässt sich nicht erbetteln und sie lässt sich nicht verdienen. Liebe ist immer ein Geschenk, sie ist der Kontrapunkt zum Warencharakter, der menschlichen Beziehungen normalerweise anhaftet, sei es nun im Geschäftsleben oder auch in einer Ehe (wobei das ja nicht zwingend heissen muss, dass Liebe in der Ehe nicht vorkommen und sich nicht sogar im Geschäftsleben ereignen kann), aber Liebe ist eben gerade nicht das «do, ut des», das «quid pro quo», ich gebe, damit du mir gibst. Liebe ist das Grosszügigste, was es gibt auf dieser Welt, ohne Liebe wäre diese Erde wahrlich ein trüber, trostloser und einsamer Ort. Obwohl es Gott nicht gibt, behaupte ich doch, dass die Liebe das grösste Geschenk Gottes an den Menschen ist, sie ist das Fünklein, das in unseren Seelen entzündet wurde. In der Liebe ist Geben seliger denn Nehmen, oder vielmehr: nur, wer liebt, kann auch die Erfahrung des Geliebtwerdens machen, hier wird auf einer Frequenz gesendet und empfangen.

DER EINSAME BUCHSTABE

Es war einmal ein einsamer Buchstabe, der in den Zeiten von Napoleons Russlandfeldzug in den kargen Weiten sibirischer Steppen einfach vergessen wurde und seither in der unzivilisierten Natur des Nordens herumirrt. Es war ein französischer Buchstabe, wohlgesprochen, ein Buchstabe, der in den Wörtern der feinsten Pariser Salons verkehrt hatte, und das schon vor der Revolution. Er war durch die süsse Kehle der Marie Antoinette gegangen, in einem Rokokoschlösschen. Molière hatte ihn auf die Bühne gebracht, der Papst ihn urbi et orbi unter die christliche Menschheit verbreitet. Und jetzt? So allein, so allein! Seit Jahrzehnten, Jahrhunderten allein. Nur einmal hatte er sich in den Mund eines besoffenen russischen Bauern verirrt, der ihn aber alsogleich mit einem wüsten Fluch wieder in die Verbannung hinausbefördert hatte.

Was beweist, dass manchen einsamen Buchstaben nichts weiter fehlt als ein gutes Wort.

THOMAS MANN IN ZÜRICH

Als er aus der Kühle der Bahnhofshalle ans blendende Licht trat, warf sich die Hitze des Tages wie ein feuchtes schweres Tuch über ihn. Er stellte fest, dass er viel zu warm angezogen war für diesen Sommertag. Es lag am geschlossenen Jackett. Er gab viel auf ein gepflegtes Äusseres, und da galt es eben, Konzessionen zu machen und zu leiden.

Man schrieb den 29. Juni 1899, und der hoffnungsvolle junge Schriftsteller, der erst vor kurzem seine erste Novelle veröffentlicht hatte und jetzt an einem grossen Roman arbeitete – er sollte «Buddenbrooks» heissen – befand sich auf einer kurzen Urlaubsreise aus München in Zürich. Er hatte einfach mal wieder wegfahren, ausreissen müssen. Das Fernweh, ja, das Fernweh war schuld daran, dieses ziehende, lockende, zerrende Gefühl in der Brust. Auch hatte er gehört, dass es in der schweizerischen Stadt an der Limmat ungewöhnlich viele Künstler und sensible Männer gebe. Denn er wusste, dass er selbst im Grunde genommen einer dieser sensiblen Männer war, ein heimatloser Herr aus Anderswo. Vor anderen hätte er das natürlich nie zugegeben. Er gab es nicht mal vor sich selbst gerne zu. Das Unberechenbare, das mit der Neigung der Sensiblen verbunden war, machte ihm Angst: er empfand es als Strudel, als verschlingendes Chaos, hielt es für unlebbar. Und doch gab es Momente wie diesen: im viel zu warmen Jackett vor dem Bahnhof in einer fremden Stadt, mit dieser wilden Sehnsucht in der Brust. Er überlegte, wohin er seine Schritte wenden sollte. Es war erst früher Nachmittag, aber er war viel zu müde, um die Stadt zu erkunden. Er war ja auch nicht als Tourist hierhergekommen. So liess er sich einfach treiben, die Bahnhofstrasse hinunter und durch den Rennweg die Fortuna-Gasse hinauf auf den Lindenhof. Hier, auf diesem Platz über der Stadt mit den breitausladenden Bäumen, wollte er ausruhen. Er setzte sich auf eine der roten Bänke und fühlte sich völlig erschöpft. Er hatte die letzte Nacht überhaupt nicht geschlafen. Wie im hohen Fieber hatte er Bilder von unaussprechlicher Laszivität halluziniert, ausgelöst von einer Beobachtung am Vortage, als er von seinem Schreibtisch aus – er versuchte, an «Buddenbrooks» zu arbeiten – einen jungen Tischler oder Zimmermann, wahrscheinlich noch ein Lehrbube, bei der Arbeit beobachtet hatte. Der Anblick des schlanken, muskulösen Mannes mit den jungenhaften Gesichtszügen und dem schwarzglänzenden Haar hatte ihn fast verrückt werden lassen. Einmal, so schien es ihm jedenfalls, hatte der Handwerker seinen Blick erwidert und ihn sogar verwegen angegrinst. Doch vielleicht hatte er sich das auch bloss eingebildet. Auf jeden Fall war er mit seinem Roman um keine Zeile weitergekommen. Und jetzt sass er im Lindenhof in Zürich und fragte sich, was er hier überhaupt wollte.

Er beobachtete drei alte Männer, die im Kies ein Spiel mit glänzenden Kugeln spielten. Eine Mutter mit ihrem kleinen Kind. Er fühlte sich schläfrig und ihm war, als könnte er ewig hier so sitzen. Gedämpft drangen von weit her die nachmittäglichen Geräusche der Stadt an sein Ohr, und für eine Weile wusste er nicht mehr, ob er wach war oder schlief. Aber dann, ganz unverhofft, tauchte eine Gestalt in seinem Blickfeld auf, deren Anblick ihn auf einen Schlag hellwach werden liess. Es war ein kleiner, zierlicher, sehr hübscher Bursche dunkler Hautfarbe, sehr fremd und unerwartet an diesem Ort, ein malaiischer oder indochinesischer Typ, wie er vermutete. Wie kam dieser Mensch in diese Stadt, fragte sich der Dichter, und wieso war er so seltsam angezogen? Der Bursche blieb etwa fünf Meter vor ihm einfach stehen und lächelte ihn an. Wie gelähmt sass der Dichter auf seiner Bank und konnte seinen Blick nicht von dieser Erscheinung lassen. Der Bursche trug dunkle Sonnengläser, so dass der Dichter seine Augen nicht sehen konnte, aber er war sicher, dass der junge Mann den Blick auf ihn gerichtet hatte. Er konnte es geradezu körperlich fühlen: Ihm schien, als richte sich jedes Härchen auf seinem Körper auf. Der Junge war eigenartig angezogen, überhaupt nicht der Mode der Zeit entsprechend, aber diese Bekleidung – eine Art Unterhemd, blendend weiss auf der braunen, samthäutigen Haut, ohne Ärmel und so eng am Körper, dass man die kleinen, aufgerichteten Brustwarzen sehen konnte, eine hautenge, blaue Hose aus derbem Stoff, Schuhe mit hohen Absätzen, wie er sie noch nie gesehen hatte, dazu trug er ein goldenes Kettchen um den Hals und einen goldenen Ring im Ohr – war nicht nur eigenartig, sondern auch sehr erotisch, denn sie liess den schlanken, kräftigen, unbehaarten Körper des fremden jungen Mannes unter dem Stoff mehr als erahnen. Wie eine Woge ergriff den gesamten Organismus des Dichters eine nie gekannte Erregung, die jene des Vortags beim Anblick des Handwerkers noch um ein Vielfaches übertraf.

Beschämt nahm er zur Kenntnis, dass seine Männlichkeit nicht nur stand wie eine Eins, sondern dass seine Eichel bereits feucht wurde vor Lust.

Während sich der Junge ihm näherte, lächelte dieser ihn womöglich noch breiter an. Schliesslich ergriff er seine Hand und streichelte sie kurz. «Hallo», sagte er in einem komischen Englisch, «I am Nui from Thailand. I make holiday here. I can show you a place. Very interesting for you. Come!»

Diese Aufforderung duldete keine Widerrede. Als der Dichter aufgestanden war, wurde ihm schlagartig bewusst, dass jedermann seine Erektion deutlich sehen konnte. Er schämte sich sehr, aber der dunkle Bursche zog ihn schon an der Hand den Lindenhof hinab, ausserdem war es inzwischen bereits dunkel geworden, worüber sich der Dichter nach allem aber auch nicht mehr allzu sehr verwundern mochte. Der Junge führte ihn durch Gassen und Gässchen und an lärmigen Kneipen und Menschengruppen vorbei, die der Dichter nur verschwommen wahrnahm. Schliesslich standen sie vor der offenen Tür eines sehr alten Hauses – der Dichter hatte längst die Orientierung verloren – und der Junge sagte, indem er auf die Treppe deutete, die nach unten führte, und auf das rötliche Licht, dass von unten heraufdrang: «Go down here. Bye bye darling. See you maybe again in another life.» Der Dichter war zu perplex, um etwas zu sagen, und als er endlich seine Sprache wiedergefunden hatte, war der schöne junge Mann bereits im Dunkel der Nacht verschwunden.

Das Herz des Dichters war schwer, als er langsam die Treppe hinunterstieg. So kurz die Begegnung auch gewesen war, so sehr hatte sie ihn seiner Sehnsucht bewusst werden lassen. Nie würde sich diese namenlose Liebe für ihn erfüllen, nur im Traum oder in einem Moment der Trunkenheit liess sich diese Erfüllung erahnen.

Die Treppe führte hinunter zu den Katakomben der Stadt. Der Untergrund war sozusagen die Stadt unter der Stadt, und in dieser gab es ein geheimes Leben. Nachdem ihm ein wohlwollender, stummer Butler das Jackett abgenommen hatte – denn es war auch hier unten angenehm warm, und hier war anderes als in der «Oberwelt» comme il faut – tauchte der Dichter ein in diese alternative Welt, in der alle Regeln der Logik auf den Kopf gestellt schienen. Dass er mit einem jugendlichen Oscar Wilde, der übrigens sehr feminin wirkte und äusserst elegant, aber auch extravagant aufgemacht war, ein Glas Champagner trank und dieser ihm erzählte, wie es mit Bosie wirklich war und was er in Reading so alles erlebt hatte – das meiste war fürchterlich, aber es gab auch einige erregende Momente – ging ja noch an, denn Wilde war immerhin ein (noch) lebender Zeitgenosse, auch wenn er auf dieser Party ganz und gar nicht wie ein fünfundvierzigjähriger gebrochener Mann wirkte und auch immer wieder von kommenden Zeiten redete, in denen für sensible Männer alles anders und die mannmännliche Liebe auch in der Oberwelt quasi legitimiert, auf der anderen Seite dadurch aber auch zu etwas Gewöhnlichem werde, und das könne man ja auch nicht wünschen, nicht wahr? Aber da gab es auch andere Gestalten, solche aus der Vergangenheit – der dicke Shakespeare etwa und der kahlköpfige, knollennasige Sokrates, der jedem hübschen Jüngling, dem er begegnete – denn solche gabs natürlich haufenweise, und für Sokrates war auch ein vierzigjähriger Bierbauch ein hübscher Jüngling – mit gierigen Wurstfingern an den Hintern griff – und solche aus der Zukunft – zum Beispiel ein äusserst leutseliger, netter Herr, der zwar etwas verklemmt auf seinem Stuhl sass, aber mit äusserster Empathie in sein Gegenüber geradezu hineinkroch. Er nannte sich Alfred, Alfred Biolek («Du kannst Bio zu mir sagen»), und er trat im Fernsehen auf. In einem dieser futuristischen Geräte war allerdings gerade nicht der nette Herr zu sehen, sondern ein exzentrischer junger Engländer mit grünen Haaren, einem grellrot geschminkten Mund und wundervoll gekleidet, der sang ein Lied zu einer barbarischen Musik und wurde Boy George genannt. Natürlich gab es auch frauenliebende Frauen da unten: er wurde der Dichterin Mercedes de Acosta vorstellt, trank einen Kaffee mit der Schauspielerin Inge Meysel und rauchte ein Pfeifchen Haschisch mit Gertude Stein. Die Dichterin Sappho hatte er erst gar nicht erkannt.

Es war eine sinnliche, aufregende und verwirrende Welt, in die er da geraten war. In dieser Welt wurde getanzt, geliebt und gelacht. Da gab es laszive Jünglinge und lederbekleidete Muskelmänner, feinsinnige Intellektuelle und vom Bacchus besessene Saftwurzeln, selbstverliebte Egomanen und hingebungsvolle Weltverbesserer, lustige und traurige Gestalten und andere, die über die Tragik des Lebens Bescheid wussten. Da gab es Männer und Frauen und solche, die zwischen den Geschlechtern standen. Und alle, alle waren sie anders. Das vereinte sie. Sie gehörten nicht zur Oberwelt, und sie genossen das.

Als er wach wurde – von einem Schmerz im Kreuz, wahrscheinlich verursacht durch die unbequeme Sitzposition auf der harten Bank –, merkte er nicht bloss, dass er das alles nur geträumt hatte, sondern auch, dass er nicht Thomas Mann war und schon gar nicht ein vierundzwanzigjähriger Thomas Mann, der soeben an seinem ersten Roman «Buddenbrooks» schrieb, sondern ein vierundvierzigjähriger gewöhnlicher schwuler Mann. Und man schrieb mitnichten den 29. Juni 1899. Immerhin stimmte, dass er auf einer Holzbank im Lindenhof sass und auf die Limmat und das Limmatquai hinunter sehen konnte. Auch die Boule spielenden alten Männer existierten, die Mutter mit dem Kind. Es war nicht mehr oder noch nicht Nacht, und die frühsommerliche Sonne filterte ihr Licht durch die Kronen der Bäume. Und nun tauchte sogar der junge Asiate wieder auf, blieb zwanzig Meter von ihm entfernt stehen. Doch, es war genau derselbe wie im Traum. Er hatte dasselbe herausfordernde Grinsen im Gesicht, und trotz der Sonnenbrille war der ältere Schwule auf der Bank sich sicher, dass der schöne Junge seinen begehrenden Blick erwiderte.

HOTEL «THE DOORS» – INTERVIEW MIT DEM HOTELMANAGER JACK WOLF

G*lobel Events: Jack Wolf, welche Idee, welches Konzept stecken hinter Ihrem Hotel?*

Jack Wolf: «The Doors» ist mehr als ein Hotel. Ins «Doors» kommt man nicht primär, um zu übernachten. Ein klassisches Hotel dient als Mittel zum Zweck, es ermöglicht den Besuch einer interessanten Stadt oder einer spektakulären Landschaft, es ist Ausgangspunkt für Erlebnisse und Ausflüge. Das «Doors» hingegen ist selbst das Ziel und das Erlebnis. Das Wesentliche eines Urlaubs im «Doors» ist der Aufenthalt in diesem so genannten Hotel, das aber in Wirklichkeit Türen öffnet in ungeahnte Erlebniswelten.

Globel Events: Wie kam es zum Namen Ihres Hotels, das mehr sein will als ein Hotel, und welche Bedeutung hat dieser Name für das Konzept Ihres Hauses?

Jack Wolf: Wie ich schon gesagt habe, ist das Hotel selbst das Eingangstor in eine Welt, in der sich Sein und Schein, Realität und Fantasie, Ernst und Spass vermischen oder vielmehr ununterscheidbar werden. Unser Haus ist das Eingangstor in eine «Twighlight Zone», in eine Sphäre der Zwielichtigkeit. Der Name selbst geht auf eine Rockband des letzten Jahrhunderts zurück. Vielleicht erinnern Sie sich an einige ihrer Titel? *Riders on the Storm, Break on through to the other Side, Light my fire, Not to touch the earth, Alabama Song...* Vor allem ihr Sänger, Jim Morrison, verstand sich ja als ein Bewohner des Grenzlandes zwischen den Welten, als den Eidechsenmann, der die Wurmlöcher zwischen den Universen gefunden haben will. Türen verbinden das Drinnen mit dem Draussen, das Vorher mit dem Nachher. Es ist übrigens interessant, dass die Rockband ihren Namen von einem Buch geliehen hat («The Doors of Perceptions», die Türen der Wahrnehmung, von Aldous Huxley), das wiederum von Erfahrungen mit den psychedelischen Drogen Meskalin und LSD handelt – übrigens auch heute noch sehr interessant zu lesen. Huxley wiederum spielt damit auf ein Zitat von William Blake an: *«If the doors of perceptions were cleansed, everything would appear to man as it is, infinite.»* Wenn die Pforten der Wahrnehmung gereinigt wären, würde dem Menschen alles so erscheinen, wie es ist, nämlich unendlich.

Globel Events: Was haben die Gäste denn konkret in Ihrem Haus zu erwarten? LSD-Tripps?

Jack Wolf: Sie haben nichts zu erwarten – und alles! Was in Dantes Inferno über dem Eingang zur Hölle steht, könnte auch über dem Eingangstor zum Hotel «The Doors» stehen: Lasst also, die ihr hineingehet, alle Hoffnung fahren! Dieses Eingangstor kann aber auch ins Paradies führen: das ist alles offen und hängt ganz allein vom Besuchenden – oder vielleicht auch vom Zufall – ab. Vielleicht erwartet sie auch ein LSD-Tripp – vielleicht, vielleicht. Oder jede andere Möglichkeit der Berauschung, der Ausschweifung und des Exzesses. Es ist aber auch möglich, dass die Gäste unseres Hauses von ziemlich brutalen – ich würde sagen: texanischen – Cops inhaftiert, verhört und möglicherweise sogar gefoltert werden. Wobei lange, vielleicht bis ans wie auch immer geartete Ende, offen bleiben wird, ob dies Teil einer Inszenierung ist oder bitterer Ernst. Wie gesagt: Wir pflegen im Hotel «The Doors» die Uneindeutigkeit und lassen die Sachverhalte gerne in der Schwebe. Alles ist letztlich der Interpretation unserer Gäste überlassen. Wenn sie zu dumm sind, sich einen intelligenten Reim auf die Ereignisse zu machen, können wir schliesslich auch nichts dafür. Auch nicht für ihre Leichtgläubigkeit oder ihren übertriebenen Skeptizismus. Eine Geld-zurück-Garantie gibt es in unserem Hotel jedenfalls nicht – wie es auch keine Zurück-Garantie auf irgendetwas im Leben gibt.

Global Events: Das klingt aber, sagen wir mal, nicht sehr kundenfreundlich. Gibt es denn überhaupt Gäste, die sich auf das doch ziemlich risikoreich klingende Abenteuer eines Aufenthalts in Ihrem Haus einlassen – und wenn ja, was für Menschen sind das?

Jack Wolf: Es klingt vielleicht unglaubwürdig: Aber die Leute sind gerade zu verrückt danach, ins «Doors» zu kommen. Und zwar jede mögliche Art von Menschen. Wir sind auf Jahrzehnte hinaus ausgebucht. Wir brauchen uns deshalb weder um Zielgruppen noch um Marketing zu kümmern. Es gibt eine Biographie über den erwähnten Jim Morrison mit dem Titel: «Keiner kommt hier lebend raus.» Jeder Mensch, den es auf diese Erde geschleudert hat, weiss es: Keiner kommt hier lebend raus. Und das könnte ebenfalls über dem Eingangstor unseres Hotels stehen: Keiner kommt hier lebend raus. Unsere Gäste wissen das, und deshalb wollen sie wissen, was hier wirklich geschieht. Vielleicht läuft unser Hotel aber auch deshalb so gut, weil den Leuten letztlich gar nichts anderes übrig bleibt, als uns eines Tages zu besuchen.

Global Events: Und erfahren Ihre Kunden während des Aufenthaltes in Ihrem Haus, was wirklich geschieht?

Jack Wolf: Das ist gut möglich. Die Reise ist ungewiss, nur das Ziel ist sicher, und wenn man so genau wissen würde, was unterwegs passiert, wäre das Ganze ja keine Überraschung mehr, oder? Nein, im Ernst – die Wirklichkeit ist doch definiert durch die Komplexität des Bewusstseins dessen, der mit ihr konfrontiert wird. Es gibt also nicht «die Wirklichkeit», sondern nur «meine eigene Wirklichkeit». Ich kann nun mal meinen Kopf nicht verlassen und beispielsweise in den Ihren schlüpfen, verehrter Interviewer. Deshalb hängt es von jeder einzelnen Kundin, jedem einzelnen Kunden selber ab, wie er resp. sie den Aufenthalt in unserem Hotel erlebt und wie weit sie resp. ihn seine/ihre Bewusstseinsreise dabei führt.

Aber verlassen wir diese eher theoretische Ebene nun wieder. Ein Aufenthalt im «Doors» ist durchaus auch mit Spass und Genuss und Unterhaltung vom Feinsten verbunden, und die Vergnügungen des Leibes kommen ebenso sehr zum Zug wie diejenigen des Geistes und der Seele. Auch dabei ist wiederum die individuelle Konstitution des Einzelnen entscheidend. Ein gänzlich humorloser Mensch wird seine Zeit in unserem Hotel natürlich ganz anders erleben als ein Spassvogel, und ein Asket wird ihn anders erleben als ein Gourmet oder auch ein Gourmand, wobei es durchaus sein kann, dass der Asket dabei seine geniesserische und der Geniesser seine asketische Seite entdeckt. Wie gesagt, im «Doors» ist alles möglich.

Und wie teuer kommt dieser ganze Spass den Kunden Ihres Hotels zu stehen?

Jack Wolf: Sagen wir es einmal so: Wir haben einkommensabhängige, gestaffelte Preise. Bei uns sind Arme und Reiche willkommen, und wir kennen keine Unterschiede der Haufarbe, der Kultur, des Alters, des Geschlechts oder der geschlechtlichen Präferenz. Sie sehen: unser Unternehmen basiert auf der Grundlage der allgemeinen Erklärung der Menschenrechte und des globalisierten Kapitalismus: Wir machen mit allen ein Geschäft, und jeder darf in seiner eigenen Währung bezahlen, und wer das, was er schuldig ist, nicht bezahlen kann, der muss seine Schuld eben abarbeiten – Gelegenheiten dazu gibt es genug im Hotel «The Doors». Aber eigentlich ist das auch gar nicht so wichtig, denn letzlich bezahlt jeder ohne Ausnahme den Preis für seinen Aufenthalt im «Hotel der Hotels» mit seinem Leben. Wir bezeichnen uns also in unseren Werbebroschüren nicht ganz zu Unrecht als «das ultimative Hotel» oder das «Hotel an sich» (auch wenn das, wie ich sehr wohl weiss, ein Widerspruch in sich selbst ist). Darf ich Sie jetzt zu einem Rundgang durch unsere Räumlichkeiten begleiten?

Global Event: Vielen Dank, Herr Wolf. Es ist uns eine grosse Ehre. In unserer nächsten Ausgabe können Sie die erste einer Serie von aussergewöhnlichen, reich bebilderten Reportagen aus dem «Doors»-Hotel lesen. Die Serie trägt den Übertitel «Menschen im Hotel».

DER ABSTURZ

Es war ein äusserst banaler Gedanke, der Jack durch den Kopf ging, als er beim dritten Gin angelangt war, hoch oben über den Wolken, sagen wir: zehntausend Meter über dem Meer. Es war der Gedanke: Jetzt lass ich alles zurück. Aber ein solch banaler Gedanke kann einem schon mal durch und durch gehen, kann einem erfüllen von den Zehen- bis in die äussersten Haarspitzen. Vor noch nicht mal einer Stunde war Jack vom Flughafen Zürich-Kloten aus aufgestiegen in einen wahrlich himmlischen Himmel hinein, und jetzt lagen die schneebedeckten Gipfel der Alpen direkt unter ihm, zum Anfassen nah. In diesem Flugzeug, dachte Jack, dessen erster Flug das war, fühlt man sich schon fast tot, über dem schmalen Streifen schwebend, der das Wirkliche vom Unwirklichen trennt.

Man muss sich Jack als ein Ungeheuer denken, eine Ausgeburt, ein fünfunddreissigjähriges monströses perverses Kind. Dieses überjährige Kind hat sowohl seine maskuline, überfürsorgliche Mutter wie auch seinen weibischen, sich nach einer starken Hand sehnenden Vater beschlafen, deren umsorgtes und verhätscheltes Ein-und-Alles er gewesen war, bevor er diese seine beiden Erzeuger umgebracht, mit dem Metzgermesser zerstückelt und in Kehrichtsäcken vors Haus gestellt hatte. Dann hatte er sich des auf klassische Weise im Sparstrumpf unter der Matratze verwahrten bescheidenen Vermögens behändigt, war auf direktem Weg zum Flughafen gefahren und hatte den ersten besten Flug gebucht.

Das Flugzeug sollte in ein paar Stunden auf ein Land niedergehen, das man Marokko, und einen Kontinent, den man Afrika nannte. Das konnte aber ebensogut ein Land oder ein Kontinent auf einem andern Stern sein. Jack war bisher noch nie im Ausland gewesen, trotz seines englischen Namens.

Jack konstatierte, dass er, seit er das Flugzeug bestiegen hatte, um einiges dicker geworden war. Obwohl er sich sagte, dass diese Gewichtszunahme ganz natürlich sei – war er doch daran, sich ein gewaltiges Stück Distanz einzuverleiben – , wunderte er sich doch etwas darüber. Auch darüber, wie gelassen die andern das Geschehen nahmen, wunderte er sich. Sie plauderten ganz ungezwungen, wie wenn sie noch zu Hause in ihrer Stube sitzen würden, einige dösten mit offenem Mund, Mütter ermahnten ihre zappeligen Kinder zur Geduld, es gab Passagiere, die in Zeitschriften und Zeitungen blätterten – kurz, alle gaben sich ganz normal. Währenddessen wurde er dicker und dicker. Er erinnerte sich plötzlich daran, wie gern er die Körper seiner Eltern, nachdem er sie getötet hatte, aufgegessen hätte, und wie ihn eine unbestimmte Furcht davon abgehalten hatte, so, als befürchtete er, die Eltern könnten in seinem, Jacks, Körper wieder lebendig werden. Auch jetzt wieder war diese Gier in ihm, das alles aufzufressen: die Mütter, die zappeligen Kinder, die Stewardessen, die routiniert lächelnd Getränke servierten, die Männer im Raucherabteil mit ihren Zigarren im Mund, den Kapitän und den Kopiloten in ihren schmucken Uniformen, die stoffüberspannte Flugzeugbestuhlung, das Cockpit, das Metall des Flugzeugkörpers, die Tragflügel, einfach alles. Aber auch ohne eine solche Fressorgie wurde er dicker und dicker. Und Tausende von Metern unter ihnen glitten die schneebedeckten Alpen immer weiter von ihnen weg. Das Licht der Sonne im Flugzeuginnenraum war ungeheuer intensiv. Jack fühlte sich seltsamerweise nicht schwerer, sondern immer leichter, je dicker er wurde. Er hatte gar nicht bemerkt, wie plötzlich die andern Passagiere aufmerksam auf ihn geworden waren und ihn jetzt entsetzt anstarrten. Ihre Furcht war so komisch, dass Jack trotz seiner seltsamen Lage lachen musste. Also lachte er und wurde, während er von diesem Lachen über das immer grössere Entsetzen der Mitpassagiere immer dicker wurde, immer heftiger geschüttelt und erschüttert, gleichzeitig wurden die Sekunden zerdehnt, so dass das immer heller werdende Licht sich im Flugzeuginnenraum fast körperhaft verbreitete und der Knall, der Jacks Auseinanderbersten begleitete, sehr sehr langsam seine volle Wucht entfaltete.

Über die Ursachen des Flugzeugabsturzes wurde lange gerätselt. Terrorismus, technisches Versagen, menschliches Versagen, Materialmüdigkeit? Ein Zusammenhang zwischen dem Flugzeugabsturz und dem Verschwinden dreier Personen – normaler Bürger und anständiger Menschen wie du und ich, einem älteren Ehepaar und ihrem erwachsenen Sohn – wurde nie hergestellt.

DAS MISANTHROPISCHE WOHNZIMMER

Zufrieden horchte es in sich hinein. Diese himmlische Ruhe! Dieser köstliche Frieden! Diese wunderbare Menschenlosigkeit des Interieurs!

Endlich, dachte das Wohnzimmer, sind wir die uns vom Menschen aufgezwungenen Funktionen los. Das ist die Rückeroberung des reinen Seins!

Aber wir greifen vor. Ausserdem sind Sie, liebe Leserinnen und Leser, wohl kaum an allgemeinen philosophischen oder existentiellen Überlegungen eines Wohnzimmers interessiert. Oder haben Sie sich schon mal die Frage gestellt, was in Ihrer Wohnung geschieht, wenn weder Sie noch Ihre Freundin oder ihr Freund oder ihre Kinder oder Hunde oder wer oder was auch immer zu Hause sind, mithin die Wohnung ganz sich selbst überlassen ist? Haben Sie sich schon überlegt, ob Ihr Bett oder Ihr Sofa, die auch eine Chaiselongue sein mag, Sie vermisst, wenn Sie nicht in oder auf ihm liegen? Rücken im von Gott und den Menschen verlassenen Wohnzimmer die Tische und Stühle näher zusammen, herzen und küssen sich etwa gar die Polster oder flippen die Vorhänge an den Fenstern aus, weil sie nicht mehr einfach immer bloss so da hängen mögen? Lesen sich womöglich die Bücher in den Büchergestellen lautlos gegenseitig was vor, beginnen die Tassen im

Schrank zu tanzen, weil sie nicht alle Tassen im Schrank haben? Und erst die Lebensmittel! Lebensmittel existieren auch nicht einfach so im Vorrats- und im Kühlschrank vor sich hin. Da ist Leben, Geheimnis, fortwährende alchimistische Verwandlung! Und was geschieht eigentlich im Innern des Fernsehers, wenn er ausgeschaltet ist?

Ich weiss, Sie wissen es nicht, es interessiert Sie aber auch nicht. Es interessiert Sie keine Bohne. Sie wollen eine Geschichte hören, Sie lechzen nach dem angekündigten Krimi, der wohl ebenfalls schon lange irgendwo in der uns umgebenden Atmosphäre irgendwie darauf gewartet hat, empfangen und umgesetzt und, verzeihen Sie mir die pompöse Ausdrucksweise, gleichsam erlöst zu werden.

Nun denn. Es handelt sich bei unserer Geschichte wie gesagt um die Geschichte eines Wohnzimmers. Ein Wohnzimmer ist wie eine Person, nur anders. Die Unterschiede sind ja fast offensichtlicher als die Gemeinsamkeiten. Ein Wohnzimmer kann nicht herumlaufen, zum Beispiel. Ein Wohnzimmer kann nicht entscheiden, was in es hinein gestellt oder gar gestopft wird. Es kann sich auch seine Bewohner*innen nicht selbst aussuchen. Wobei wir schon fast bei den Gemeinsamkeiten wären. Denn: das können wir Menschen auch nicht in jedem Fall. Denken Sie nur an die Bakterien oder Viren. Eine weitere Gemeinsamkeit zwischen einem Wohnzimmer und Ihnen, also uns, besteht darin, dass auch Wohnzimmer Gefühle haben. Jedem sensiblen Menschen ist das klar. Jeder von Ihnen, der nur ein Fünkchen Einfühlungsvermögen besitzt, wird sofort einsehen, dass ein Wohnzimmer ebenfalls Vorlieben und deshalb auch Abneigungen hat. Das mag Sie zwar nicht interessieren – obwohl es Sie mit Blick auf die nun bald folgende Geschichte schon interessieren sollte –, es leuchtet Ihnen aber unmittelbar ein. Manche Wohnzimmer können gewisse Besucherinnen und Besucher, die in es eindringen, es gewissermassen penetrieren, und erst recht gewisse Bewohnerinnen oder Bewohner, die sich in ihm einnisten, nicht ausstehen. Ich möchte wetten, dass Sie sich das noch nie überlegt haben. Und da ich fast sicher bin, dass auch Sie über so etwas wie ein Wohnzimmer oder zumindest eine wohnzimmerähnliche Räumlichkeit verfügen, sind Sie mir sicher dankbar, dass ich Sie mit diesem nicht nur originellen, sondern vielleicht eines Tages auch nutzbringenden Gedanken bekannt gemacht habe.

Nun gut! Am 1. Juli 1997 ziehen die neuen Mieter also ein. Ein heisser Tag, dieser 1. Juli, nebenbei erwähnt, zwar nicht zu heiss, um ehrlich zu sein, angesichts der Klimakatastrophe, aber trotzdem eine Katastrophe.

Sie müssen sich das einmal vorstellen: Da lebt ein Wohnzimmer seit über zwanzig mit einer Bewohnerin zusammen, mit der es sich einigermassen verträgt. Zwanzig Jahre sind auch für ein Wohnzimmer eine Zeit, die lange genug ist, um sich an etwas zu gewöhnen. Deshalb leidet das Wohnzimmer an diesem 1. Juli denn auch an so etwas wie Trennungsschmerz. Sie können sich sicher vorstellen, dass für ein Wohnzimmer die Trauerarbeit eine noch viel schwerere Aufgabe ist als für uns Menschen. Wohnzimmer können nicht weinen. Aber das nur nebenbei.

Sie müssen es sich vorstellen. Da lebt man mit jemandem zusammen (es handelt sich dabei, wie gesagt, um die bisherige Bewohnerin, eine alte Frau und leider vor kurzem verstorben) – man lebt also mit jemandem zusammen, der fast gar nicht stört. Es ist ein wenig wie mit Ihnen und Ihrem Blinddarm, falls Sie den noch haben – bis er entzündet ist. Die Frau, um nun ihren Darm wieder zu verlassen und zur Geschichte zurückzukommen, ist ein sanftes, schon etwas von wohltätiger Senilität eingetrübtes Gemüt. Sie sitzt auf der altmodischen Couch und streichelt ihre Katze. Stellen Sie sich vor, Sie sind ein Wohnzimmer und kommen sogar mit der Katze, die Sie bewohnt, gut aus. Schon fast paradiesisch! Diese ebenfalls bejahrte Katze ist nicht mehr allzu wild und von tadelloser Strubenreinheit. Sie zerkratzt auch keine Wände. Zweimal pro Tag kommt der Mahlzeitendienst. Studenten, junge Männer, bringen Ihrer alten Frau das Essen in glänzenden Aluminiumbehältern. Was immer diese auch enthalten – es ist genau das Richtige, um der alten Frau kleine Entzückensschreie zu entlocken, und sie kann sich nicht genug an der Galanterie ihrer Wohltäter erfreuen. «Nein, diese Überraschung!», ruft sie immer wieder aus. Sie schäkert kokett mit den jungen Burschen, und als einer ihr gar die Hand küsst, wird sie beinahe ein bisschen übermütig. Manchmal hört die alte Frau auf einem altmodischen Grammophon Schallplatten: alte Schlager. Die Frau singt mit brüchiger Stimme mit. Sie glaubt, man schreibe immer noch das Jahr 1925. Sie ist überzeugt, ein zweiundzwanzigjähriges Mädchen zu sein – ein verdammt scharfes, attraktives Mädchen, das dauernd den entzückendsten Herrenbesuch bekommt. 1925 waren Sie und das Wohnzimmer aber wahrscheinlich noch gar nicht auf der Welt. Der Geburtstag des Wohnzimmers ist der 12. Mai 1939, kurz vor dem Krieg.

Stellen Sie sich vor, wie sich die Frau jeden Abend vor dem Schlafengehen einen kleinen Sherry genehmigt, den sie stilvoll aus einem Kristallglas nippt, und wie sie sich frivol vorkommt dabei.

Mit der Sauberkeit hält es die Frau wie mit der Gegenwart: sie kümmert sich nicht darum, und Ihnen als Wohnzimmer ist das mehr als recht. Sie bleiben dadurch weitgehend von Staubsaugerlärm und giftigen Chemikalien verschont. Alle paar Tage allerdings kommt die resolute Tochter der Frau, um aufzuräumen, auszulüften und ein wenig sauberzumachen. Da sie ihre närrische Mutter aber offensichtlich nicht lange erträgt, sind diese Besuche zwar unangenehm, aber zu ertragen. Erst viel später entwickeln Sie, das Wohnzimmer, dem man damit einen gewissen kriminalistischen Spürsinn nicht absprechen kann, die Theorie, dass diese unmögliche Tochter ihre an sich robuste Mutter womöglich vergiftet hat. Sie haben nämlich beobachtet – Wohnzimmer schlafen nicht –, wie sich die Tochter, die von der Sherry-Liebhaberei ihrer Mutter wusste und sie natürlich nicht billigte, mehrmals unauffällig an der Sherryflasche herumhantierte und dem Sherry etwas hinzufügte.

Und jetzt, heute, an diesem 1. Juli, diesem Leidenstag, will diese schreckliche und vielleicht sogar verbrecherische Tochter mit ihrem Mann und ihrer Brut also in das Wohnzimmer einbrechen, über das Wohnzimmer hereinbrechen wie eine biblische Plage! Sie hat nämlich nicht nur das Wohnzimmer und die Wohnung, sondern das ganze Haus geerbt. Was diesem Tag voranging, war schon schlimm genug. Nicht nur, dass all die alten, gewohnten Kameraden wie das weinrote Sofa, die Standuhr und das deckchenge-schmückte Buffet entfernt wurden. Es wurden auch die Tapeten brutal und rücksichtslos heruntergerissen und ein grauenhaft stinkender Spannteppich verlegt, sodass das Wohnzimmer kaum mehr atmen kann. Wie verrückt wurde gebohrt, herausgeschlagen und hineingemauert und gehämmert und gemalt. Das Wohnzimmer stöhnte und ächzte innerlich, sehr innerlich ob dieser Tortur. Am liebsten hätte es sterben wollen. Aber Sie müssen sich vorstellen, dass Ihnen als Wohnzimmer auch die Gnade des Freitodes verwehrt ist.

Und nun dieses grässliche Mobiliar, mit dem es angefüllt wird. Geschmacklos, stillos, kalt. Fliessbandmöbel von Möbel Pfister oder Ikea ohne Charakter, ohne Persönlichkeit und ohne Geschichte! Mit denen kann ich unmöglich verkehren, denkt das Wohnzimmer. Alles, was diese Möbel können, besteht darin, die miefige Spiessbürgerlichkeit, die unerträgliche Mittelmässigkeit ihrer Bewohner*innen zu repräsentieren! Es ist zum Heulen, oder eben: es wäre zum Heulen, denn Wohnzimmer weinen ja nicht, können nicht weinen.

Aber alle Möbel sind eher zu ertragen als schreckliche Menschen. Die Familie besteht nicht nur aus der unmöglichen Frau, der verbrecherischen Tochter der Verstorbenen, sondern auch noch aus einem womöglich noch unmöglicheren Mann und mit Sicherheit noch viel unmöglicheren zwei Söhnen im Alter von sieben und neun. Da könnte man, überlegt sich das Wohnzimmer, wirklich zum Misanthropen werden. Wenn man nicht schon einer wäre.

Die Frau erweist sich jetzt, wo sie nicht mehr nur Besucherin, sondern Bewohnerin oder vielmehr Besetzerin oder Usurpatorin im Gelände des Wohnzimmers ist, als definitive Putzteufelin. Nie hat man seine Ruhe. Dauernd ist sie am Wischen und Waschen, Fegen und Saugen, Putzen und Pützeln. Natürlich spart sie nicht an Chemie. Die Luft wird mit Tannnadeldeo und ihrem ewigen Schimpfen und Klagen geschwängert. Man könnte meinen, es handle sich bei dieser Ordnungs- und Sauberkeitssache um eine Staatsaffäre erster Güte. Unerträglich. Wie Atlas trägt sie das Chaos der ganzen Welt auf ihren Schultern. Ununterbrochen schreit sie hinter den beiden Rotzbengeln her, die natürlich ebenso ununterbrochen Schmutz und Unordnung verbreiten. Wenn nicht geputzt wird, dann wird aufgeräumt und umgestellt. Das geht schliesslich auch den Möbeln, die ja nicht von der allerfeinsten Sorte sind, derart auf die Nerven, dass sich mit der Zeit so etwas wie eine solidarische Abneigung zwischen ihnen und dem Wohnzimmer gegen die lästigen Bewohner entwickelt, wovon diese aber nicht die geringste Kenntnis nehmen. Sie sind mit sich selbst beschäftigt. Wenn abends Vater von seinem anstrengenden Bürotag nach Hause kommt, gibt es wegen irgendwelcher Kleinigkeiten Streit. Mutter wird angegiftet, weil das Bier zu warm und das Essen nicht warm genug ist. Vater wird zurechtgewiesen, weil er nach Zigarettenrauch stinkt. Die quengelige Jungmannschaft, die sich den ganzen Tag über von Trickfilmen und Kinderschokolade ernährt hat, ist nicht an den Abendbrottisch zu locken. Die ganze heile Familiengeschichte endet schliesslich einmütig vor dem Fernsehapparat, wo sie dann alle vier hocken und in die Kiste glotzen. Abend für Abend muss der Fernseher diese glotzenden Blicke mehrere Stunden lang ertragen. Man kann sich vorstellen, welche Hassgefühle das missbrauchte Gerät dabei entwickelt.

Als wieder einmal endlich Ruhe herrscht, was jeweils so gegen Mitternacht der Fall ist (an den Wochenenden jeweils später), kommt man im Wohnzimmer während einer historischen Stunde in stummer Einhelligkeit überein, dass etwas zu geschehen habe, und zwar bald. Immerhin lässt man sich Zeit für den perfekten Plan. Etwa ein halbes Jahr nach dem Einzug der netten Familie schlägt die Zwangsgemeinschaft «Wohnzimmer und Inventar» zu.

Start für die Umsetzung des Plans ist der frühe Nachmittag. Die Frau des Hauses muss gerade noch rasch ein paar neue Putzmittel einkaufen, und die Jungmannschaft sitzt wie immer vor der Fernsehkiste und schaut «Unsere kleine Farm». Der Fernseher beginnt, ganz heiss vor Aufregung zu werden, als er realisiert, dass nun die Stunde Null oder der Punkt X gekommen ist. Während der Werbepause, als der Kinderschokoladespot anlief, schlug er zu. Die Kids liebten Milchschnitten. Er macht seine Mattscheibe ganz gross und lässt die Kinderschokoladenlandschaft mit den fröhlichen Kinderschokoladenkindern in den allerschönsten Farben erstrahlen, und die Kinderschokoladenkinder jubeln und locken und werfen ihre farbigen Baseballmützen in die Luft. Dazu erklingt eine fröhliche, ja ausgelassene Musik, und bunte Luftballons steigen in den Himmel. Welches Kind hätte da widerstehen können! Wie von unsichtbaren magnetischen Fäden gezogen, nähern sich die beiden Knaben dem farbenfrohen Trickfilmparadies, der

Fernseher macht sein Maul noch etwas weiter auf – und schon sind sie weg, die lieben Kleinen.

Diese wahrhaft übermenschliche Anstrengung kostet den Fernseher zwar eine Bildröhre, aber der erste Teil des Plans ist nun verwirklicht. Alles hat bestens geklappt. Das Wohnzimmer und seine anorganischen Bewohner jubeln auf ihre Art, die Menschenart nicht ist: lautlos und innig, unbemerkt von der Frau des Hauses, als diese von ihrer Einkaufstour am Ort des Geschehens auftaucht. Sie ist ein wenig verwundert, dass die beiden Buben nicht mehr vor dem Fernseher sitzen, denn so etwas hat sie noch nie erlebt. Probeweise stellt sie ihn an, und als zwar der Ton, aber kein Bild erscheint, hat sie zwar eine Erklärung für das Unerklärliche gefunden, aber auch einen zusätzlichen Grund, sich aufzuregen. Diese Saukerle haben den Fernseher kaputt gemacht! Das gibt wieder Krach mit Vati. Und da der Fernseher kaputt ist, müssen die Jungen in ihrem Zimmer sein, um Computerspiele zu spielen oder Kassetten von DJ Bobo zu hören oder sich zu streiten. Aber sie sind auch nicht in ihrem Zimmer, und nun ist sie ernsthaft beunruhigt. Was wird Vati sagen, wenn nicht nur der Fernseher kaputt, sondern auch noch die Kinder verschwunden sind! Und immer, wenn sie beunruhigt ist, muss sie etwas tun. Genauer: Sie muss putzen. Meister Proper ist nicht das erste Mal ihre letzte Rettung.

Nun hat die Stunde des Wohnzimmers geschlagen. Aus jeder Ecke flüstert, haucht, seufzt es mit gewissermassen unkörperlicher, immaterieller, aber deshalb nicht weniger vernehmbarer Stimme: «Wir siiiiind schmutzig! Putze uns! Wir sind in Unordnung! Mach uns heil!» Die Vorhänge rascheln: «Wir sind gelb, wir sind grau!» Die Bilder jammern: «Hängt uns gerade!» Die Möbel stöhnen: «Wir brauchen Politur!» Das Parkett ächzt: «Ich bin zerkratzt!» Die Gegenstände im Buffet – Geschirr, Bücher, CDs, Videobänder, Nippes – heischen vielstimmig: «Räum uns auf!» Ein schrecklicher Lärm ist im Kopf der Frau. Sie rotiert, dreht sich um die Achse, weiss nicht wo anfangen, wo wehren. Ein Schwindel ist in ihrem Kopf, und Panik will Besitz von ihr ergreifen. Nie, nie, nie wird alles in Ordnung sein! Das dunkle böse Chaos war unausrottbar, lauerte immerzu unter der Oberfläche. Diese schreckliche Ahnung durchzuckte sie wie ein Blitz.

Doch siehe da, es erschien gleichsam aus dem Nichts eine rettende Kraft. Meister Proper persönlich nimmt ihre Angelegenheiten in die Hand. Er ist wie von einem inneren Licht erleuchtet. Sie sinkt auf die Knie, und er lächelt gütig auf sie herab. «Hilf mir!», haucht sie. «Gib mir die Hand, ich führe dich!» sagt er mit dunkler, wohlklingender Stimme. Als sie seine nach ihr ausgestreckte, gelb phosphoreszierende Hand ergreift, empfindet sie eher ein Wärme- als ein Tastgefühl. «Es wird alles gut!» flüstert er ihr ins Ohr, während sie zu tanzen anfangen. Ihr wird leicht zumute. Wie lange schon hat sie nicht mehr getanzt! Die sphärische Musik liegt wie ein Hauch, wie ein wohliger Geruch in der Luft. Und während sie tanzen und tanzen, wird auch die Frau immer durchscheinender, immer unirdischer, immer blasser. Schliesslich ist da nur noch eine grünliche, gelbliche Ahnung des tanzenden Paares im Raum, ein leiser Hauch von perfekter Sauberkeit, bis sich die Erscheinung schliesslich ganz aufgelöst hat.

Ehrfürchtige Stille, einem Atemanhalten gleich, liegt im Raum. Dann löst sich die Spannung in ungeheuren, allerdings für menschliche Ohren unhörbaren «Ahs» und «Ohs». Die Bewunderung im Wohnzimmer ist schier grenzenlos, der stumme Applaus über die kreative Kraftentfaltung des Wohnzimmers gleichzeitig lautlos und tosend. Das Werk ist nun beinahe vollbracht.

Als der Mann nach Hause kommt, wundert er sich über die Ruhe in der Wohnung. Er weiss nicht, ob er sich freuen oder ärgern soll. Genussvoll pafft er eine Zigarette nach der anderen und lässt die Asche provokativ auf den Teppich fallen. Dann genehmigt er sich einen Schnaps, wenn sich die Gelegenheit schon einmal gibt. Natürlich macht er sich Gedanken über den Verbleib seiner Gattin und der Kinder. Es ist nicht das erste Mal, dass sie nach einem heftigen Streit unangekündigt eine Reisetasche packte und mit den Kindern zu ihrer Schwester nach Stuttgart fuhr. Aber dieses Mal hat es am Vorabend keinen besonders heftigen Streit gegeben. Will sie ihn wirklich verlassen? Das würde aber seinen Stolz verletzten. Um sich abzulenken, macht er den Fernseher an und flucht, als kein Bild erscheint. Er trinkt noch ein paar Gläser mehr und wird immer wütender. Ihn mit einem kaputten Fernseher sitzen zu lassen! Das ist die Höhe. Nicht mal einen Brief, eine Nachricht hat sie ihm hinterlassen. Der Mann, so ganz auf sich selbst geworfen, wird immer wütender und immer betrunkener. Denen werde ich es zeigen! brüllt er. Die bring ich um! Zu spät, zu spät, echot es von den Wänden. Der Mann trinkt den Schnaps nun aus der Flasche und beginnt, nur um etwas zu tun, Geschirr auf den Parkettboden zu werfen, das unter stummen Entsetzensschreien auf dem gewachsten Parkettboden in tausend Stücke zerschellt. Da sieht der Mann im Spiegel über dem Buffet einen Mann. Das ist er selbst, ohne Zweifel. Das ist er selbst, und das ist er auch wieder nicht. Er schaut sich diesen Kerl mit den rot unterlaufenen, schon reichlich besoffenen Augen an. «Du bist ein verdammtes Arschloch», sagt die Figur im Spiegel, «du bist ein Versager! Schau dich doch an. Ein jämmerlicher Waschlappen bist du. Dein Leben besteht nur noch aus Gewohnheiten. War es das, wovon du in deiner Jugend geträumt hast? Seit fünfundzwanzig Jahren gehst du, abgesehen von den Wochenenden und den Ferien, Tag für Tag ins Büro, buckelst vor dem Chef, erledigst einen Job, der dich ankotzt, und wozu? Um nach der Pensionierung in den Sarg zu hüpfen, in die Grube zu fahren? Deine Ehe ist nicht mehr als geteiltes Unglück, du liebst deine Frau nicht und deine Frau liebt dich nicht. Das ist auch kein Wunder. Wie sollte man ein Ekel wie dich lieben? Du hast keinen Charme, keinen Witz, nur mässige Intelligenz, siehst nicht gut aus, im Gegenteil, du bist der allerhässlichste Mann auf Gottes Erdboden, und dein Charakter ist alles andere als über jeden Zweifel erhaben. Bist du wenigstens gutmütig? Nein, du bist hinterhältig, missgünstig, kleinlich und gemein. Deine Söhne werden dich, wenn sie nur ein wenig älter sein sind, verachten. Nein, sie werden auf dich scheissen. Und sie haben Recht. Du bist ein Kerl, den man verachten, auf den man scheissen muss. Du bist einer, den man prügeln, schlagen und hauen muss!» Der Mann hört seinem Spiegelbild entgeistert zu, unfähig, sich zu regen, etwas zu sagen oder zu tun. Und als der besoffene Kerl im Spiegelbild seine Faust hebt und zuschlägt, lässt er es wehrlos geschehen. Die Wucht des Schlags wirft ihn um, und unglücklicherweise fällt er so, dass er mit dem Hinterkopf auf der spitzten Kante des Glastisches aufschlägt. Er ist sofort tot.

Das war Arbeit. Das Wohnzimmer und seine Genossen atmen schier hörbar auf. Immerhin, es ist geschafft. Sie dürfen stolz sein – und sie sind stolz. Nun wird endlich wieder Ruhe einkehren.

Als später der Kommissar im Trenchcode im Wohnzimmer steht und sich die Vorgänge zu erklären versucht, ahnt er schon, dass dieses Verbrechen bei den Akten der ungeklärten Fälle landen wird. Er hat das einfach im Urin. Er fühlt sich ausgesprochen unwohl, unwillkommen in dem Wohnzimmer. Er kann es sich nicht erklären – aber die Atmosphäre im Raum strahlt deutlich Feindseligkeit aus. Was mag in diesen vier Wänden bloss vorgefallen sein? Der Kommissar weiss es nicht. Wir aber wissen es. Ich weiss es, und Sie wissen es jetzt auch und, falls der Kommissar zufällig diese Zeilen lesen sollte, dann ist er nun ebenfalls aufgeklärt. Und wenn Sie heute Abend nach Hause kommen, dann denken Sie vielleicht daran, dass Sie gut beraten sind, mit ihrem Wohnzimmer auf freundschaftlicher Basis zu verkehren.

P.S. Dem Wohnzimmer und den Möbeln hat der Kraftakt letztlich wenig gebracht. Die Ruhe war von kurzer Dauer. Die nächsten Mieter waren zwar nicht gar so grässlich, aber auch nicht so leicht umzubringen.

SO KÖNNTE EINE GESCHICHTE BEGINNEN

Als er dreissig wurde, begann er ordentlich zu leben, legte sich ein Bankkonto zu, begann sich mit Nummern zu umstellen. Das Bankkonto hatte eine Nummer, zum Beispiel. Als Krankenkassenmitglied hatte er eine Nummer. Seine AHV-Karte trug eine zwölf- oder fünfzehnstellige Nummer, ebenso sein Sturmgewehr. Und so, wie er sagte: «Mein Land», «meine Bank», «mein Gewehr», so sagte er jetzt auch «meine Sturmgewehrnummer», «meine AHV-Nummer», «meine Bankkontonummer», «meine Krankenkassennummer». Das gab ihm das Gefühl, aufgehoben zu sein, ein heimatliches Gefühl der Geborgenheit. Zur Bankkontonummer gehörte übrigens auch eine Bankomatkarte und zu dieser wiederum eine Codenummer, sechsstellig. Auf der zehnstelligen Kontonummer lag sein ganzes Geld. Das war zwar nicht sehr viel, aber immerhin, alles hatte seine Ordnung, er war ein ordentliches Mitglied der menschlichen oder vielmehr der schweizerischen Gesellschaft.

Und als solches wollte er sich ab und zu etwas gönnen, ein gutes Essen etwa, zu dem er seine Freundin oder gar seine angetraute Ehegattin eingeladen hätte an diesem Freitagabend. Vorher, am Nachmittag zwischen zwei Terminen, musste noch etwas Geld, Kohle, Asche oder Zaster besorgt werden von den sechs- und zehnstelligen Nummern «seiner» Bank.

Er steckte also die Bankomatkarte in den Schlitz eines der Geldautomaten, die überall in der Stadt zu finden waren, und tippte seine sechs Nummern ein. Es begann im Innern der Apparatur ein wenig zu summen und zu schnurren, verheissungsvoll wie immer, aber dann passierte nichts mehr oder nur insofern, als die Computerschrift, die ihn eben noch mit einem freundlichen «Grüezi. Ihre Karte wird geprüft» begrüsst hatte, erlosch. Und das wars dann schon. Er mochte warten und sich ärgern, es nützte alles nichts. Die Leute hinter ihm, die auch ihre sechsstelligen Zahlen eintippen wollten, begannen eine Schlange zu bilden. Er spürte aufkommende Ungeduld in seinem Rücken. Mit roten Ohren verliess er schliesslich das verstummte Ding, denn Misserfolg am Geldautomaten ist suspekt, peinlich und rufschädigend.

Es blieb ihm nichts anderes übrig, als zur Hauptfiliale «seiner» Bank zu fahren. Gott sei Dank war es noch vor Schalterschluss. In der Hauptfiliale war die Bankbeamtin freundlich. Wenigstens vorerst. Er nannte die zehnstellige Nummer seines Kontos und zeigte seinen Ausweis her, der unmissverständlich klar machte, dass er war, wer er war. Jetzt konnte eigentlich nichts mehr schief gehen.

Aber es dauerte und dauerte, bis die Angestellte mit dem Geld, der Kohle, der Asche und dem Zaster kam. Hinter einer Topfpflanze machte sie an einem Computer rum. Als sie sich unserem Freund wieder zuwandte, war ihr Pokerface beinahe unverändert, eine Spur kühler vielleicht als vorher. «Tut mir leid, aber ich kann Ihnen kein Geld geben, mein Herr. Wir haben kein Konto mit dieser Nummer bei uns, und wir haben kein Konto, das auf Ihren Namen lautet. Sie müssen sich in der Bank geirrt haben.»

Er konnte nur «aber, aber...» stammeln. «Wir sind gern bereit, bei unserer Bank auf ihren Namen ein Konto zu eröffnen», meinte die Bankerin konziliant. «Natürlich nur gegen Nachweis Ihrer Solvenz.» Es gibt einen Übermut der Güte, sagt Nietzsche, welcher sich wie Bosheit ausnimmt.

Vielleicht bin ich verrückt geworden, denkt der solcherart Geprellte mit einem völlig unerklärlichen Gefühl der Erleichterung. Er schaut in seinem Portemonnaie nach und entdeckt da neben einigem Kleingeld, einer thailändischen 10-Baath-Note und einem amerikanischen Vierteldollar auch noch eine Zehner- und eine Zwanzigernote. Die werde ich jetzt versaufen, denkt er und grinst böse in sich hinein.

So könnte eine Geschichte beginnen.

SEHNSUCHT

Er hatte keinen Namen und eine grosse Sehnsucht. Er war der einzige seiner Art, weshalb wir hier von ihm auch nicht einfach sagen können, er sei ein Pferd, ein Elefant, ein Tiger, ein Kamel oder ein Kakadu gewesen. Nennen wir ihn also Rüsselfisch.

Ich muss zwar zugeben, dass die Wahl dieses Namens etwas willkürlich sein mag. Eine grosse Ähnlichkeit mit einem Fisch hatte er nämlich nicht. Auch kann man nicht behaupten, dass da etwas Rüsselähnliches an ihm runter gehangen hätte. Er war, im wahrsten Sinn des Wortes, unvergleichlich. Ihr werdet vermuten, dass Rüsselfisch sehr einsam war, so allein und einzig. Aber da liegt ihr daneben. Man kann sich, logischerweise, nicht nach Zweisamkeit sehnen, wenn man ein singuläres Exemplar einer Gattung ist, wenn man eine Gattung im Kleinen, sozusagen, im sehr Kleinen sogar, wenn der Ausdruck hier erlaubt ist – man kann sich also nicht nach Zweisamkeit sehnen, wenn einem das Schicksal nie die Chance gab, die Idee der Zweisamkeit in sich überhaupt zu entdecken und in der Praxis zu erproben.

Immerhin hatte Rüsselfisch so seine dumpfen Ahnungen, und die eingangs erwähnte Sehnsucht, die allerdings richtungslos war, gehörte zu seinem Lebensgefühl. Rüsselfisch wünschte sich zwar keine Zwei- oder Mehrsamkeit, konnte sie sich gar nicht wünschen, das mochte aber nicht zu verhindern, dass er sich manchmal sehr unzufrieden fühlte oder ein Gefühl in sich verspürte, das einer normalen Unzufriedenheit sehr nahe kommt. Immer, wenn dem so war, begann er, sich im Kreis zu drehen – die einzige Lebensäusserung, zu der der Erbarmenswerte fähig war.

Ihr dürft nicht glauben, dass Rüsselfisch eine abstrakte Idee von mir sei, eine Ausgeburt meiner Fantasie, ein Hirngespinst. Er ist, ich schwöre es, ein reales, konkretes, lebendiges Wesen, so wie ihr und so wie ich. Er hat Energie in sich, Lebensenergie, die es ihm erlaubt, sich im Kreis zu drehen. Er ist Materie, belebte organische Materie in diesem Raum und dieser Zeit. So wie ihr. So wie ich. Auch wenn er sonst keine Gemeinsamkeiten mit uns teilt. Gewiss, er kann sich im Raum drehen, und das können wir auch, man denke nur an gewisse Formen des Tanzes wie etwa an den Tanz der Derwische oder die Polka. Aber wir können daneben auch essen, herumgehen, ein Buch lesen, die Zähne putzen, uns an unanständigen Stellen kratzen, Bier trinken, wir können reden und demzufolge auch schweigen, wir sind wach und verschlafen etwa einen Drittels unseres Lebens, wobei «verschlafen» so negativ klingt und das ist nicht gemeint, ganz im Gegenteil. Wir haben die Träume, den Wein, die Kunst, das Fernsehen, die Bratwurst und den Senf und den Sex, um uns über die Widrigkeiten des Lebens hinwegzutrösten. Wir haben es gut. Rüsselfisch hat es etwas weniger gut getroffen.

Wobei man das natürlich nicht sicher wissen kann. Wer kann schon in einen anderen hineinsehen? Es ist alles blosse Vermutung, Annahme, Spekulation. Man kann ja als Mensch mit Rüsselfisch nicht einmal annähernd kommunizieren. Er hat nämlich keinen Mund, kann also weder reden noch essen. Arme hat der Arme auch keine (oder muss es heissen «die Arme»? Ein Geschlecht hat – einigen wir uns auf «es» – nämlich auch keins). Ebenso wenig Beine. Nichts, was einem Gesicht auch nur andeutungsweise ähneln würde. Eigentlich ist es bloss ein Klumpen, ein Haufen belebter Materie. Und alles, was er damit anfangen kann, ein Haufen belebter Materie zu sein, besteht im Maximum darin, sich um sich selbst zu drehn.

Ihr werdet euch nun fragen, wie Gott (oder wer oder was auch immer) die Grausamkeit besessen haben kann, ein solches Lebewesen in die eh schon beschissene Welt zu setzen. Ich weiss, diese ewigen Sinnfragen, diese Warums und Wozus, die ja doch nie jemand schlüssig beantworten kann, hängen euch langsam zum Hals heraus. Geht mir doch genau so! Aber wenn es um den Rüsselfisch geht, müssen wir auf eine gewisse methodische Strenge bestehen, denn der Rüsselfisch, ihr erinnert euch, ist eben gerade keine abstrakte Grösse. Es gab ihn übrigens, um eine weitere Merkwürdigkeit zu erwähnen, die aber einen ganz plausiblen Hintergrund hat, schon immer. Das muss so sein, rein logisch gesehen. Wenn er der Einzige seiner Art ist, der absolut Einzige, kann er auch keine Eltern haben, oder gehabt haben. Und dass er aus dem Nichts emporgestiegen sein könnte, ist unwahrscheinlich. Dass er aus dem Nichts herausgezaubert worden sein könnte, irgendwann in grauer Vorzeit, glauben höchstens Esoteriker, Fantasy-Spinner. Nichts stiegt einfach so aus dem Nichts empor, das wäre empörend. Sogar der Urknall hat einen Grund, auch wenn der schwer zu verstehen ist. Wer kann sich schon in den Nullpunkt hinein verdichtete Materie vorstellen? Ich nicht, ihr nicht. Etwas, das so dicht ist, dass es keinen Platz mehr braucht, scheint uns absurd. Genauso wie die Behauptung einiger Astronomen – Astronomen, nicht Astrologen! –, dass man mit einem Supersupersuperteleskop in die Vergangenheit hinaus- oder zurückzuschauen vermöge. Nein, ich halte die Möglichkeit, dass Rüsselfischs Entstehung auf den Urknall zurückzuführen sei, für eine durchaus vertretbare Hypothese.

Er weilt jedenfalls schon sehr lange unter uns, länger, als wir uns das vorstellen können – man braucht ja nicht gleich den Begriff «Ewigkeit» zu bemühen. Vor dem Erscheinen der Dinosaurier auf diesem Planeten drehte er sich schon im Kreis, wenn er ärgerlich oder unzufrieden war (um seinen Gefühlszustand in menschlichen, also unzulänglichen Kategorien zu umschreiben). Die Ursuppe war noch am Köcheln, da war er schon da.

Es gibt weitere Fragen. Zwar war er schon immer da, oder so gut wie schon immer, aber wird er auch ewig bleiben? Zu wünschen ist es ihm nicht. Der Gedanke an eine solche Unsterblichkeit wäre unerträglich.

Wo ist Rüsselfisch? Wo war er und wo wird er sein? Er haust überraschend konkret: nämlich in Ihrem Keller. Oder vielmehr: in meinem Keller. Nein, ich besuche ihn nicht. Er braucht ja nicht gefüttert zu werden. Hat ja keinen Mund, wie gesagt. Ist unglaublich genügsam, wie gesagt. Hat keinen Mund, kein Maul, keine maulähnliche Öffnung, um zu fressen, wovon er sich ernährt, oder vielmehr: wie er sich erhält, oder vielmehr: wie er erhalten wird, ist ein weiteres Wunder der Natur. Rüsselfisch machte, macht keinen Lärm, es sei denn, dass er sich dreht, und das kommt alle paar Jahre mal vor, ist also ganz pflegeleicht. Eigentlich war, ist er ein ganz angenehmer Mitbewohner und Zeitgenosse. Nur, dass ich nicht mehr in meinen Keller geh, wo sich noch ein paar ganz gute Flaschen Wein inzwischen wohl in Essig verwandelt haben. Trotzdem bin ich mir immer bewusst: Er – es – ist da. Ich weiss nichts über ihn, (über es) obwohl es in meinem Keller wohnt – das beschäftigt mich manchmal. Ich weiss zum Beispiel nicht, ob es wirklich nicht weiss, wonach es sich sehnen soll. Weshalb ich auch nicht weiss, ob es zu bemitleiden ist, oder ich. Trotzdem denke ich, dass es nicht viel zu lachen hat, da unten in meinem Keller. Wir haben, wie gesagt, immerhin den Wein, die Träume, das Nasenbohren. Und es hat nicht einmal etwas vom Essig vor seiner Nase.

Meine Damen, meine Herren: dem ist nichts hinzuzufügen. Und sollten Sie heute Nacht vom Rüsselfisch träumen, dann denken Sie daran, dass es vielleicht wieder einmal Zeit wäre, in den Keller zu steigen. Nehmen Sie kein Licht mit, gehen Sie nackt. Reden Sie mit ihm, flüstern Sie ihm Liebenswürdigkeiten ins Ohr. Vielleicht versteht es Sie ja doch. Und wenn nicht: Tun Sie es Ihrer eigenen Seele zuliebe, Streicheln Sie es. Vielleicht hat es das gern. Vielleicht tut es ihm gut. Sicher tut es Ihnen gut. Und fressen kann Rüsselfisch, er, sie oder es, Sie ja nicht.

SEHNSUCHT (2)

Als er erwachte und sich zu erinnern versuchte, wer und wo er sich befand, dunkelte es bereits wieder. Die Vorhänge vor den hohen Fenstern waren zugezogen. Das Licht im Raum erinnerte ihn an ungute Stunden seiner Kindheit. Der Raum selbst liess ihn an Märchen denken, die er einmal gehört haben musste, an alte Schwarz-weiss-Filme und, weiss der Teufel wieso, an Marcel Proust, an Heinrich Heine und an Paris. Es kam ihm so vor, als sei er schon vor Ewigkeiten in diesen Raum gekommen und lange, viel zu lange in ihm geblieben. Das Bett, auf dem er angezogen lag, roch nach Keller, nach Matratzengruft. Ich muss etwas tun, dachte er, zugleich träge und voller Panik, ich muss mich befreien. Aber er war müde, so müde. Er versuchte sich zu erinnern, fand aber nichts ausser dieser schweren Mattigkeit im Hirn. Im Raum befanden sich Möbel, viele Möbel, doch das Zimmer sah nicht eingerichtet, sah unbenutzt aus. Die Möbel standen herum wie in einer Abstellkammer, alte, schwere, verlassene nutzlose Stücke aus einer vergangenen Zeit. Eine Staubschicht bedeckte sie. Sessel und Stühle, die Platz wegnahmen und sonst nichts, riesige Kästen und Kommoden, die einem den Atem raubten. Dazwischen, darauf, darüber und darunter viele viele alte Bücher. Tote Bücher, Buchleichen. Er spürte dumpfe Wut in sich aufsteigen. Er hasste diese Dinge, er hasste alle Dinge. Leicht, leicht wie

Luft möchte ich sein, dachte er. Leichter als Luft. Dann könnte ich fliegen.

Nutzlos und tot diese Gedanken. Sie gaben ihm noch nicht einmal die Kraft, sich aufzusetzen. Matratzengruft. Und das Licht schwand schon wieder hinter den Vorhängen. Eben war es noch Morgen gewesen. Und die Sinne hungerten wie eh und je. Zu sehen waren aber nur die drohenden Schatten der alten Möbel, die ihn vor Verzweiflung zum Weinen brachten. Zu hören war nichts ausser dem Rauschen des Blutes im Kopf. Beine und Arme waren gefühllos, nur Kopf und Rücken taten weh. Im Mund der bittersüsse Geschmack von alten Biskuits. Wie Grossmutter sie ihm immer aufgenötigt hatte! Er hasste alte Biskuits und er hasste Grossmütter, aber dieser Hass war völlig nutzlos, wie alles.

Da drüben, die Tür. Immer wieder landete sein Blick, nachdem er eine Weile ziellos im Raum herum gewandert war, bei der Tür. Gross war sie und einladend, ein Tor schon fast. Natürlich, sie hatte einen Nachteil: Sie war geschlossen. Aber man hätte sie leicht öffnen, hindurchschreiten können. Man hätte gesehen, was hinter der Tür war. Jetzt konnte man bloss spekulieren, die Treppe, die möglicherweise in die unteren Geschosse führte, sich vorstellen. Musste sich vorstellen, wie man aus dem Haus trat, mit einer warmen Kappe auf dem Kopf, denn es ist möglicherweise noch immer oder schon wieder Winter. Trotzdem, draussen wäre es schön: Stunde der Dämmerung mit zarten Rot- und Blautönen im weiten weiten Himmel, Nebel in den Tälern zwischen den Hügeln. Die Menschen in den Strassen der Stadt hätten Dampf vor dem Mund. Und man wäre einer von ihnen, hätte etwas vor, würde sich freuen auf einen guten Film, ein gepflegtes Essen im Freundeskreis, eine Umarmung vielleicht sogar. Man könnte vergessen: die toten schweren Dinge des Raumes und der Zeit. Durch die Tür könnte man gehen ins Reich der tausend Möglichkeiten. Leichter als Luft könnte man reisen mit der Geschwindigkeit des Lichts den Bogen des rosafarbenen Himmels entlang.

GELBER SCHIMMEL

Gelber Schimmel? Unsinn – Schimmel sind weiss, das weiss doch jedes Kind. Gelb sind Schimmel höchstens dann, wenn das Weisse der Pferdekörper ins Schmutzige verrutscht ist. Aber dieses Gelb ist kein schmutziges Weiss, sondern hat die leuchtende Farbe von Zitronen. Kommt dazu, dass sich das Pferdchen, von dem wir hier reden, verdoppelt und in die äusseren Augenwinkel eines vielleicht vierzigjährigen Mannes gestohlen hat, der soeben niedergeschlagen eine Party verlässt, die ein wenig enttäuschend für ihn verlaufen ist. Die Frauen haben auf seinen sonst so unwiderstehlichen Charme spröde reagiert. Der Champagner hat ihn auch nicht zu beflügeln vermocht. Jetzt wird er sich eben zu Hause einen schönen starken Drink mixen und den Spätfilm im Fernsehen geniessen. Er lässt sich in das weiche Polster seines Wagens fallen, wirft wie immer einen kurzen prüfenden Blick in den Spiegel im Wageninnern. Und da fällt ihm das zitronengelb phosphoreszierende Etwas in seinen Augenwinkeln zum ersten Mal auf. Er erschrickt. Die Erscheinung ist so unerwartet. Er berührt mit seinen Zeigefingern sanft die gelben Stellen. Die fühlen sich ein wenig an wie Samt. Er beschliesst, die Abklärung dieses Phänomens zu verschieben, bis er zu Hause vor dem Badezimmerspiegel steht. Ist ja lächerlich, denkt er, dass ich mich wegen so was beunruhige. Eine optisch-haptische Täuschung, denkt er. Hab wohl doch zu viel getrunken.

Zu Hause angekommen, trödelt er absichtlich, zieht sich aus und an, hüllt sich in den Morgenmantel, macht den Fernseher an. Dann schlendert er wie absichtslos zum Badezimmerspiegel. Etwa münzengrosse zitronengelbe Flecken zeigen sich da, wo sich höchstens, allerhöchstens ein paar Lachfältchen zeigen dürften.

Sie scheinen sogar noch etwas grösser geworden zu sein. Na ja, vielleicht auch nicht. Sieht auch nicht besonders schlimm aus. Wie aufgeklebt. Wieder befühlt er die pelzigen Stellen. Noch nie hat er von einer Krankheit gehört, die sich in solchen Symptomen äussert. Das ist beruhigend. Überhaupt, er fühlt sich gut. Er fühlt sich blendend. Er fühlt sich ganz und gar gesund. Er versucht, die gelb leuchtenden Stellen neben seinen Augen weg zu reiben, aber ohne Erfolg. Im Gegenteil, jetzt wächst das gelbe Pelzchen auch auf seinen Fingerkuppen. Er flucht leise in sich hinein, befeuchtet im Wohnzimmer einen Lappen mit Whiskey, reibt damit seine Augenwinkel, die Fingerkuppen, aber alles wird nur schlimmer dadurch, die Schimmelstellen scheinen den Whiskey geradezu zu lieben und werden grösser, bilden jetzt richtige Pölsterchen, überall auf den Händen und im Gesicht rasch zusammenwachsende Schimmelinselchen. Das sieht bizarr aus, aber er findet es jetzt nicht mehr lustig. Greift sich die Tube, mit deren Salbe er sonst seinen Fusspilz bekämpft, schmiert sie sich hektisch ins Gesicht, massiert sie in die Hände ein.

Das wirkt. Die gelben Partien weichen sofort zurück wie der Teufel vor dem Weihwasser. Erleichtert stöhnt er auf. Es lebe die Chemie, denkt er. Jetzt wird er sich betrinken, denkt er, sich gnadenlos ins Koma saufen. Eine Stunde später liegt er stockhagelvoll auf seinem Bett, aber er schläft unruhig, träumt viel und nicht sehr angenehm.

Keuchend und nach Luft ringend kämpft sich der Träumer aus dem Traum. Er ist zunächst sehr erleichtert, als er sich in seinem Bett wieder findet. Gewiss, der Schädel brummt und heftige Gewitter entladen sich in seinem Kopf, aber das ist normal, wenn man einen Kater hat, und es würde nach einem Alptraum nichts Schöneres geben als die Normalität.

Ja, alles wäre normal. Es wäre Sonntagmorgen – oder wohl eher Sonntagmittag – und er hätte ein pelziges Gefühl im Mund, er hätte Durst.

Durst – ein völlig unspektakuläres Bedürfnis. Durst ist Heimat. Gletscherbach und Dorfbrunnen. Humpen mit gelbem, schäumendem Bier. Gartenwirtschaften, Serviertöchter mit guten Hüften. Blasmusik, Fondue, humpahumpatäterä. Sonntagnachmittag, Erdbeercoupe. Mittwochabend, Jassrunde. Durst, Heimat.

Er greift sich mit der Hand ins Gesicht. Die Hand ist gelb, und die Haut des Gesichts fühlt sich an wie ein Fell.

Immer noch, schon wieder, jetzt erst recht.

Er lacht, laut und trotzig.

Dann kommt ihm die Idee, noch gar nicht erwacht, sondern bloss in einem anderen Alptraum gelandet zu sein, wie Mister Spock on LSD. Das ist unangenehm, aber nicht allzu tragisch. Er versucht, sich zu erinnern, an irgendwas, aber die Gedanken laufen chaotisch in seinem Hirn durcheinander.

Die Sonne, die durch das grosse Fenster in den Raum hinein scheint, ist sehr hell. Er kann sich nicht entsinnen, je eine solche Helle gesehen zu haben.

Auch die Pflanze neben dem grossen Fenster leuchtet, verströmt ein intensives grünes Licht.

Die ganze Wohnung hat sich verändert, nicht sehr, auf keine dramatische, aber doch ausgesprochen charakteristische Art und Weise, die er einfach nicht in Sprache fassen kann.

Die Gegenstände sind von einer nicht zu überbietenden Körperhaftigkeit. Sie ragen ungeheuer weit in den wie aufgeblasenen Raum hinein.

Allmählich geht sein Entsetzen in ein Gefühl der Verwunderung, des Staunens über.

Er denkt: Ich denke, ohne zu denken. Ich fühle, ohne zu fühlen. Ich empfinde, ohne zu empfinden. Ich empfinde, wie wenn nicht ich es wäre, der empfindet. Ich empfinde, wie wenn es kein Ich mehr gäbe.

Er denkt, dass der denkt, dass der denkt, dass er denkt...

Ein Echo hallt von den Wänden in seinem riesigen Kopf.

Er sitzt in seinem Kopf wie in einem Raum voller Spiegel.

Er schaut hinaus auf die namenlosen Gegenstände, die eine würdevolle, Ehrfurcht gebietende Eigenständigkeit ausstrahlen.

Er nimmt das intensive Licht in sich auf, er staunt und fühlt sich frei, und dieses Gefühl der Freiheit ist Glück.

Ja, er hat sich wohl verwandelt.

Die tosende Stille hinein explodiert ein Trommelfeuer aus scharf konturierten Tönen. Was ist das?

Natürlich, sein Handy. Er weiss noch, wo sein Handy liegt, ihm fällt noch ein, was ein Handy ist und was man mit einem Handy macht.

Er ist nicht verrückt. Er befindet sich bloss in einem Alptraum.

Oder auf einem Trip.

Man kann auch in einem Alptraum telefonieren, denkt er jetzt.

Vielleicht ist das ganz lustig.

«Bist du es, Manfred?» fragt eine Frauenstimme.

Er räuspert sich. Ist er es, Manfred? Möglich, aber es hat keine Bedeutung. Nicht mehr.

«Ich bin es, deine Mutter. Du musst unbedingt vorbei kommen. Ich muss die etwas ganz Wichtiges erzählen.» Er hört fasziniert zu, hingegeben, verliert sich an die Melodie in der Stimme und achtet nicht auf den Sinn der Worte.

Die Frau am anderen Ende der Leitung fängt jetzt an zu weinen.

«Ich kann nicht kommen», sagt er heiser, unter Aufbietung all seiner Willenskraft. Mühsam reihen sich die Worte aneinander. «Ich habe überall gelben Schimmel im Gesicht. Und an den Händen auch. Wie es um den übrigen Körper steht, weiss ich nicht.»

«Bist du betrunken?» fragt die Frauenstimme scharf. «Jetzt am Mittag?»

«Ich habe ein Fell bekommen», schreit er als Antwort in das Handy und schleudert es dann mit voller Wucht von sich.

Was geht ihn diese Stimme an? Was geht ihn überhaupt noch an?

Er legt sich auf den Boden und döst. Die Sonne scheint ihm auf den Kopf, wärmt ihm die Schnauze. Er fühlt sich wohl. Er beginnt zu schnurren, probeweise erst, dann mit immer grösserer Selbstverständlichkeit.

Die Zeit hat aufgehört zu existieren. Er befindet sich im vergangenheitslosen, zukunftslosen Raum der Gegenwart, den Menschen nur im Traum oder im Rausch erfahren und dann gleich wieder vergessen.

Die Sprache zerfällt. Das Leben hat immer gerade erst angefangen.

Bald wird er Hunger bekommen, aber davon weiss er noch nichts.

DAS MÄRCHEN VOM KÖNIG, DER VIELLEICHT GAR KEINER WAR

Es war einmal ein überaus reicher und mächtiger Mann, der König eines grossen Landes war, der alles besass, was man nur besitzen konnte zu jener Zeit, der alle nur denkbaren Erfahrungen gemacht hatte und der alles Menschenmögliche wusste. Und dieser Mensch war noch immer nicht zufrieden. Denn es gab ein Gebiet, und zwar ein riesiges Gebiet, das er nicht zu beherrschen vermochte und das auch nur besuchsweise zu betreten ihm bisher unmöglich war: das Reich der Zukunft. Das ärgerte den König sehr, und er dachte Tag und Nacht darüber nach, wie diesem Übelstand abzuhelfen sei und wie er in das Land der Zukunft gelangen und es später sogar erobern könnte. Er sass Stunde um Stunde über philosophische Werke gebeugt, was sonst gar nicht seine Art war. Aber alles Lesen half nichts, die Tür zur Zukunft tat sich um keinen auch noch so klitzekleinen Spalt auf. «Das ganze Leben ist eine Reise in die Zukunft», was sollte er auch damit anfangen. Dieser bescheidene, allmähliche, schrittweise Zugang mochte etwas für seine Untertanen sein, keinesfalls aber war er einem König wie ihm angemessen.

Er verbrannte die Bücher und befahl sämtliche Zauberer, Magier und Alchemisten des In- und Auslandes zu sich. «Wer mich ins Land der Zukunft führt», liess er verkünden, «bekommt die Hälfte meines Reichs.» Worauf die Zauberer, Hexer und Alchimisten ihn mit grosser Hingabe umzauberten, umhexten und alchemisierten, denn jeder wollte natürlich die Hälfte des Königreichs erhalten, und sie gaben ihm eigenartige Kräuterteemischungen zu trinken, fütterten ihn mit heiligen Pilzen und rieben seinen königlichen Körper mit übel riechenden Salben ein, wodurch er zwar regelmässig in andere, ihm bisher verschlossene Räume seiner Seele geriet, aber niemals in den Raum oder vielmehr, bildlich gesprochen, die riesengrosse Halle der Zukunft. Da wurde der König, seiner Art entsprechend, zuerst wütend, dann aber erfasste ihn eine bisher nicht gekannte Verzweiflung. Er wusste jetzt, dass er alles andere als allmächtig war und dass ihn im Grunde nicht sehr viel von seinen Untertanen unterschied – nur dass diese im Allgemeinen viel zufriedener waren als ihr armer, geplagter König, der als Einziger das Ausmass menschlicher Beschränktheit erahnen konnte und sich des Eingeschlossenseins im Kerker der Gegenwart bewusst war. Der König fühlte, wie sich eine definitive Einsamkeit seiner Seele bemächtigte. Da halfen all die jungen Gespielinnen und Lustknaben nichts.

Nach einem sinnlos vertanen Tag, an dem der König sich selbst und alle anderen genervt oder gar gequält hatte, geschah es, dass er einen Traum hatte. In diesem königlichen Traum erschien ihm ein Mann, der ihm aufs Haar glich. Auch er war ein König, reich und mächtig und klug, ein Bruder, ein Zwilling gar.

«Was willst du?» fragte der König unwillig und irritiert, «wer bist du?»

«Das weisst du doch», antwortete der andere spöttisch. «Ich weiss, was dein Begehren ist und kann es dir verschaffen. Aber ich verlange einen hohen Preis.»

«Was es auch sei, es sei dir gewährt», sagte der König ganz aufgeregt, «ich biete dir mein halbes Reich.»

«Dein halbes Reich?» lachte der andere. «Du musst verrückt sein. Glaubst du, ich gebe mich mit halben Sachen zufrieden?»

Der König erschrak ein wenig ob dieser klaren Worte, überlegte sich aber dann, wie unglücklich er ja trotz seines prächtigen Königreichs war und im Übrigen das Reich der Zukunft noch viel prächtiger und grösser zu sein versprach.

«Ich werfe mein ganzes Reich in die Waagschale», entschied er sich.

Da lachte der andere noch lauter und noch gemeiner. «Lächerlich», sagte er, «was soll ich mit diesem lächerlichen Reich, das dir ja ohnehin nicht wirklich gehört? Nein, so billig kommst du nicht weg.»

«Was willst du denn noch?» stöhnte der König auf, «mehr habe ich wirklich nicht zu bieten.»

«So, mehr hast du also nicht zu bieten? Na, denk doch mal nach!»

Das tat der König, und zwar so sehr, bis ihn der Kopf schmerzte. Was ist, dachte er nach, mein Leben denn noch wert, wenn ich die Wahrheit über das Reich der Zukunft nicht erfahre?»

«So biete ich dir denn in Gottes Namen mein Leben», fasste der König seine Überlegungen zusammen.

Diesmal lächelte der andere nur, beinahe wohlwollend. «Ah, clever. Aber damit legst du mich natürlich nicht herein. Ich will dir auf die Sprünge helfen. Es ist ganz einfach: Du gibst mir deine Vergangenheit und bekommst dafür meine Zukunft.»

Noch bevor der König erleichtert auf dieses, wie ihm schien, günstige, ja geradezu unverschämt preiswerte Angebot eingehen konnte, weckte ihn ein näher kommendes Tosen und Schütteln und Krachen brutal aus seinem Traum. Und während er aufrecht in seinem prunkvollen Himmelbett sass und sich seine wache Aufmerksamkeit nach und nach in Panik verwandelte und er verzweifelt nach seinem Kammerdiener Johann rief, wurde es dunkler und dunkler und dunkler um ihn.

Oder war das nur ein neuer Traum, in den er fiel?

GESTIRNE,
DIE AUF REISEN GEHEN

Herr Sonne und Frau Mond standen an der Reeling des Luxusdampfers «Intergalaktika II» und staunten in die unergründlichen Weiten des Alls. Sie befanden sich auf einer Kreuzfahrt im Andromeda-Nebelmeer. «Ist es nicht herrlich, einmal in fremde Gegenden zu reisen?» rief Frau Mond in schwärmerischem Tone aus. «Ich bin es gewohnt zu reisen! Ich fahre jedes Jahr mindestens einmal ins Ausland», erwiderte stolz Herr Sonne und warf sich in die Brust.

Auf der Erde war es indessen wie in einer finsteren, ewig währenden Nacht. Und auch das sanfte Licht des Mondes tröstete die Menschen nicht, die sich in Verzweiflung wanden oder dumpf und traurig vor sich hindösten. Nur die Mystiker verloren ihren Mut auch dann nicht, wenn sie zwischen baumstammdicken Eiszapfen dem nächsten Loch entgegenhasteten. Anfangs waren die Städte noch hell erleuchtet, aber nach und nach erlosch ein Licht nach dem andern. Schliesslich war die Erde in dichtes Dunkel gehüllt, und niemand achtete sich ihrer mehr.

DIE SELTSAMIFIKATION
DER WELT
(IN MEINEM KOPF)

Die Seltsamifikation der Welt schreitet unaufhaltsam voran, denkt Felix an diesem bitterkalten Morgen, als er in Zürich-Oerlikon aus dem Zug steigt und seine Schritte in Richtung Sunrise-Tower lenkt, um sich ins Büro zu begeben (Büro? Was soll das sein?). Er sieht Wesen, die auf zwei Beinen gehen, und ist von diesem ungewohnten Anblick fast ein wenig peinlich berührt. Warum marschieren diese Tiere auf zwei Beinen und alle in die gleiche Richtung? Er hört das Tock-tock der vielen Füsse, die auf harten Sohlen gehen – das Tock-tock der weiblichen Exemplare dieser Gattung ist etwas lauter als jenes der Männchen, die im Allgemeinen auf leiseren Sohlen gehn – und dieses akustische Hintergrundflimmern erhöht noch seinen Zustand der Seltsamifikation. Nein, Felix ist nicht bekifft, er kifft nicht mehr in seinem Alter und schon gar nicht am frühen Morgen. Er braucht nicht mehr zu kiffen, um in einen Zustand der Seltsamifikation zu geraten, der manchmal wunderbar sein kann, mitunter aber auch garstig und grässlich.

DAS LETZTE HEMD HAT KEINE TASCHEN

Die letzte Reise hat kein Ziel. Der letzte Zug hat keine Fenster. Er fährt nach Nirgendwo. Du bist aus dem Spiel, weil du im Spiel bist. Du bist im Spiel, weil du aus dem Spiel bist. Du bist aus dem Spiel, weil du im Spiel bist. Der zweiundachtzigjährige Tolstoi, habe ich gelesen – ich weiss nicht, ob es wahr ist oder nur gut erfunden und der Legendenbildung dienlich –, der Dichter Leo Tolstoi starb im Wartesaal des Bahnhof von Astapowo; das war vielleicht Zufall, aber ein stimmiger, denn so sieht es aus, als habe sich der russische Schriftsteller diesen Ort bewusst ausgesucht, gewissermassen als Ausgangspunkt für seine letzte Reise – auch wenn das ebenfalls wieder nur so eine Redensart ist und die letzte Reise vielleicht die erste richtig grosse Reise oder gar nichts von alledem ist. Was wissen wir denn schon

Der Autor

Christian Urech, geboren 1955, ist Autor mehrerer Bücher. Er veröffentlichte Erziehungsratgeber, Jugend-Sachbücher, Krimis und Romane. Zuletzt erschienen sind die folgenden Titel: «Die Felsenarena» (2021) und «Pilgerreisen. Irrfahrten» (2021) Er lebt in Zürich und in Banjuwangi (Indonesien). www.christianurech.com

CHRISTIAN URECH

DIE FELSENARENA

ROMAN

**Die Felsenarena – ein abenteuerlicher Ritt
durch Zeiten, Welten und Identitäten!**

Roman, 460 Seiten
Erhältlich über den Buchhandel oder über
edition-sastra.com

**Sugardaddy & Tigerboy.
Ein Liebesroman**

Roman, 398 Seiten,
CHF/€ 39.00
Erhältlich über den Buchhandel oder über
edition-sastra.com

Christian Urech

Pilgerreisen. Irrfahrten

Drei Romane

Pilgerreisen. Irrfahrten

Drei Romane (Misericordia City Blues, Kopps
letzter Fall, Tod in Obstalden), 464 Seiten
Erhältlich über den Buchhandel oder über
edition-sastra.com

Daniel Costantino
Der Papagei von Lumpentroy
Texte
212 Seiten
Erhältlich über den Buchhandel oder über
edition-sastra.com